U0936477

珍藏本
纪念版

汉译世界学术名著丛书

论犯罪与刑罚

〔意〕切萨雷·贝卡里亚 著

黄风 译

2017年·北京

Cesare Beccaria

DEI DELITTI E DELLE PENE

Giuffrè Editorè, Milano, 1973

本书根据意大利米兰鸠弗雷出版社 1973 年版译出

汉译世界学术名著丛书
（120年纪念版·珍藏本）
出 版 说 明

2017年2月11日，商务印书馆迎来120岁的生日。120年前，商务印书馆前贤怀揣文化救国的理想，抱持“昌明教育，开启民智”的使命，立足本土，放眼寰宇，以出版为津梁，沟通中西，为中国、为世界提供最富智慧的思想文化成果。无论世事白云苍狗，潮流左右激荡，甚至战火硝烟弥漫，始终践行学术报国之志，无改初心。

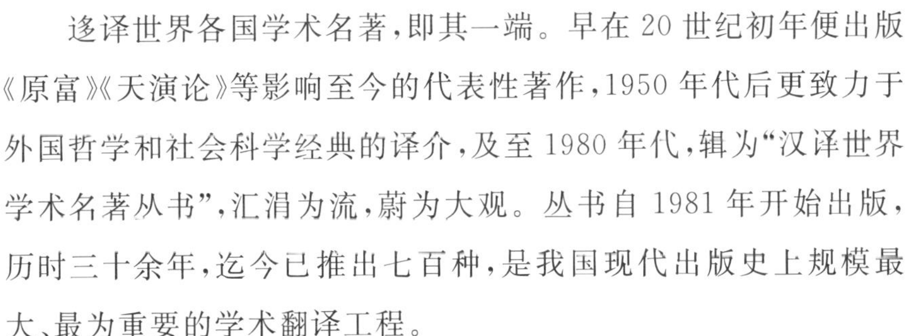

迻译世界各国学术名著，即其一端。早在20世纪初年便出版《原富》《天演论》等影响至今的代表性著作，1950年代后更致力于外国哲学和社会科学经典的译介，及至1980年代，辑为“汉译世界学术名著丛书”，汇涓为流，蔚为大观。丛书自1981年开始出版，历时三十余年，迄今已推出七百种，是我国现代出版史上规模最大、最为重要的学术翻译工程。

丛书所选之书，立场观点不囿于一派，学科领域不限于一门，皆为文明开启以来，各时代、各国家、各民族的思想与文化精粹，代表着人类已经到达过的精神境界。丛书系统译介世界学术经典，引领时代思想，为本土原创学术的发展提供丰富的文化滋养，为推动中国现代学术和现代化进程做出了突出的贡献。

为纪念商务印书馆成立120周年，我们整体推出“汉译世界学术名著丛书”120年纪念版的珍藏本，寄望既利于文化积累，又便于研读查考，同时向长期支持丛书出版的译者、编者和读者致以敬意。

两甲子后的今天，商务印书馆又站在了一个新的历史时间节点上。我们不仅要铭记先辈的身影和足迹，更须让我们的步伐充满新的时代精神。这是商务人代代相传的事业，更是与国家和民族的命运始终紧密相连的事业。我们责无旁贷，必须做好我们这代人的传承与创造，让我们的努力和成果不仅凝聚成民族文化的记忆，还能成为后来人可以接续的事业。唯此，才能不负前贤，无愧来者。

商务印书馆编辑部

2017年10月

贝卡里亚的《论犯罪与刑罚》及其刑事法律理论[①]

〔意〕江·多麦尼哥·皮萨比亚[②]

切萨雷·贝卡里亚的名字已经载入了史册，不仅仅是载入了刑法史册。最重要的是因为他向死刑发起了猛烈的进攻，因而，一切主张废除死刑的人们都把他的名字作为反对极刑的战斗号角。

虽然这种评价大体上是正确的，但是还需要做一些补充和部分的订正。需要订正的是：尽管贝卡里亚写到反对最高的极刑时，笔调雄辩而激昂，但他对死刑并不是绝对地、一概地表示厌弃。需要补充的是：贝卡里亚的著作之所以享有盛名和不朽，也是因为他在法律方面和刑事诉讼程序方面提出的其他一些基本观点和预见，表明了他的思想的现代性和现实性。

毋庸置疑，贝卡里亚的《论犯罪与刑罚》这本至今已出版了二百年的小册子，曾经标志着刑法和刑事诉讼法沿革的重要发展阶段，它第一次近乎全面地探讨了那些在适用和制定刑事法律时所应当体现的基本原则。而且，这样讲大概并不过分：由于贝卡里亚对于立法政策问题极其敏感，可以认为他是一位立法科学的奠基

① 本文系作者为1973年于米兰出版的贝卡里亚《论犯罪与刑罚》一书撰写的介绍文章。原文意大利文，中译文标题是译者拟定的。

② 江·多麦尼哥·皮萨比亚（Gian Domenico Pisapia，1915—1995），意大利米兰大学教授，著名的刑法学和刑事诉讼法学专家，曾自1975年起担任意大利《刑事诉讼法典》编纂委员会主席。

者，同时，他作为一位先驱者开创了使刑事政策问题成为关心重点的现代方向。

这本书的手稿（仅仅139页）并没有划分章节，论述以连续方式进行，仅以旁注的形式标明各个不同的题目。这表明贝卡里亚的意图本来不是要写一篇真正的论文，而只是想就刑法中最迫切、最突出的问题发表一些具有社会政治特点的评论。这本著作的第一版就是这样出版的，它于1764年7月在里窝那（Livorno），由各尔得里尼（Coltellini）印刷所印行问世，既没有署名也没有日期。

但是，在短短的几个星期里，第一版就被抢购一空。同年在摩纳哥·里古勒（Monaco Ligure）发行的第二版，除引言外，划分为四十章。第二年发行的注有出版地洛桑纳（Losanna）和日期的第三版做了一些补充，并划分为四十五章。1766年在里窝那出现了假冒出版地哈莱姆（Harlem）的第四版，划分为四十七章。

就在同一年，除发行一新的意大利文版外，还首次出现了注有出版地菲拉德尔菲亚（Filadelfia）的法文版翻译，它实际上是在巴黎出版的。法文译者莫雷莱（L'abate Morellet）重新编排了次序（后来也为我们所接受），把该书划分为四十二章。这一译本，仅在一年内，就再版了七次。1767年贝卡里亚的这本书被翻译成德文和英文，分别在乌尔姆（Ulma）和伦敦出版。1768年被翻译成荷兰文，在阿姆斯特丹出版。1774年被翻译成西班牙文。1802年被翻译成希腊文。1803年被翻译成俄文，献给了亚历山大一世，并根据这位皇帝的命令在彼得堡印行。至今，各种文字的译本已不计其数。

这里自然而然地出现一个疑问，究竟是什么原因使这本小书取得了作者本人所意想不到的非凡成就呢?

回答这个问题并不容易,然而,可以认定某些因素肯定促使了本书广泛传播。

可以确定为这种因素的第一个原因是:贝卡里亚第一次成功地——尽管这也许并不是他的本意——系统论述了刑法和刑事诉讼程序,并依靠他那非凡的综合能力,将这些广大无边的论材浓缩在极为有限的篇幅当中。

广泛流传的第二个因素似乎是:该书文笔浅易、锋利,在阐述上具有连贯性。此外,在议论上还具有罕见的说服力。这一切都抓住了读者,直至这本光辉的著作结尾,仍使人读兴未减。

但是,这部著作取得成功的最重要、最关键的原因,毫无疑问在于:贝卡里亚已投身于一场反对时代的偏见,反对他当时所处的社会的特权,反对18世纪初仍然统治着刑法的中世纪残余的公开决战之中,他所宣告的原则具有深刻的革新意义,并且——如果可以这么说的话——具有革命的意义。

诚然,贝卡里亚的某些思想早在他之前就有人提出来。然而,他的这本著作不但包含对当时实施的刑罚制度和诉讼制度所进行的系统而全面的批判,而且还提出了具体的改革路线,这是任何前人所未做过的。

贝卡里亚自己曾经指出他创作酝酿的源泉,尤其是思想形成的源泉,他坦率地承认卢梭、孟德斯鸠和百科全书派的思想对他的影响。1766年,他在给他的著作的法文译者莫雷莱的信中写道:“我把一切都归功于法国人写的书。这些书唤起了我心灵中八年来一直遭受溺信教育扼制的人道情感。仅仅五年的工夫,我就完全转而相信这些哲理，并且成为[孟德斯鸠的]《波斯人信札》的信徒。促使我完成头脑中革命的第二本书是爱尔维修的著作……。我的大部分思想的形成同阅读《论法的精神》是分不开的……。阿兰贝尔、狄德罗，爱尔维修、布佛、休姆，这些光辉的名字无不令人肃然起敬。对你们那些不朽的著作，我白日连续不断地阅读，作为钻研的对象，在寂静的夜晚则沉思深虑。”

在这封信中，贝卡里亚出于对收信人的客气，夸大了一下法国文化的重要性，这是可能的。但在他的这部著作中，确实清楚地反映出受卢梭的社会契约论的影响，并明确地称呼“不朽的孟德斯鸠院长”，他在引言中写道：“那不可分割的真理促使我循着这位伟人的光辉足迹前进，然而，聪明的读者都会把我同他的步伐加以区别。”

然而，还有一位作家给予我们的作者以决定性的影响，这就是培根。就连百科全书派自己也把培根列为实证哲学的创始人，誉为“最伟大、最渊博、最雄辩的哲学家”。

在以前不认识的一份手稿中——多亏了阿玛梯（Amati）发现并注释了它，贝卡里亚为供自己使用收集了培根著作中的一些段落和格言，在《论犯罪与刑罚》这本书中，人们常常听到它们的回声。

这本书就正是以培根的这一格言开篇的：“对于一切事物，尤其是艰难的事物，人们不应期待播种与收获同时进行，为了使它们逐渐成熟，必须有一个培育的过程。”这句格言告诫他的同时代人——而且不仅是这些人——要记住：在一切情况下，尤其是在困难的情况下，不应当等待同时播种和收获，而需要进行准备工作以使事物逐渐成熟。

当然，上面的突出点并不能抹煞贝卡里亚著作的首创性和功绩，反而表明：他的研究从历史上一切最伟大的导师那里汲取了教益，因此超过了人们所一般认为的深度。另一方面，培根本人也同样曾受到泰勒、布鲁诺、坎帕内拉、伽利略等人的不朽著作的感召，这没有什么神秘。顺便提一句：科学从来不是孤立的胜利果实，而是一种渐进的、连续发展的成果。对此，可以适当回忆一下贝卡里亚在其光辉著作的前言中提出的意见："值得感谢的是那些勇敢的哲学家们，他们从被人轻视的陋室向群众播撒有益真理的初种，尽管这些种子长时期未曾开花结果。"

贝卡里亚撰写这部著作的时候刚满二十五周岁，并且是在一种完全不利于自由和独立的文化教育环境中受教育的（他出身于贵族家庭，并在帕尔玛的教会学校读书）。如果想到这些，人们就更应该高度赞扬他如此年轻却凌驾于他同时代人之上，并且通过这部书发出了真理、人道、正义的信息，直至今天，它的很大部分还是有生命力的和现实的。

当谈到贝卡里亚的知识与文化造就时，不能不提及他同亚历山德罗（Alessandro）和彼得·韦里（Pietro Verri）兄弟的关系，更不能不提及韦里家族的研究气氛和社会兴趣的气氛。

如果说韦里的弟弟亚历山德罗为贝卡里亚提供了利用其"囚犯保护人"的职位所积累的经验，向他描述了当时残酷的司法制度的话，那么彼得·韦里——他一直在准备他的著作《论刑讯》，该书写于1776年，在他死后的1804年才发表——更是一个鼓励他撰写《论犯罪与刑罚》一书的人。对于那些责备贝卡里亚忘恩负义的人，可以向他们提一下贝卡里亚给莫雷莱的信中有关韦里的提法。“由于他胸怀和头脑所具有的品质，使他成为一位极为可敬的人，他是我最亲爱的朋友。我觉得，我对他怀有一种感情，与孟德斯鸠对斯蒂芬(Stefano de la Boetie)所怀有的感情相同。他鼓励我写作，多亏了他，我才没有把《论犯罪与刑罚》的手稿付之一炬，他殷勤地亲手帮我誊写。”贝卡里亚在给彼得·韦里本人的一封信中这样写道：“我很注意保持对您的尊敬，并不断增进我们的友谊，我由此受到的鼓舞超过了荣誉对我的鼓舞。如果我被抛弃，我宁愿默默无闻，而不稀罕那仅存的荣誉。”

的确，正是在韦里家会晤中开展的那些讨论使贝卡里亚产生了就犯罪和刑罚问题写一篇评论的想法。正是韦里兄弟说服贝卡里亚于1762年发表了他的第一篇作品《论米兰公国1762年货币混乱及其救治》，在这篇文章中，贝卡里亚展露了自己的才华。正是韦里兄弟接受贝卡里亚参加了那个主办著名报刊《咖啡座》的俱乐部，贝卡里亚为它撰写了不少文章。正是韦里兄弟鼓励贝卡里亚去巴黎，来到当时最著名的作家身旁。由于贝卡里亚急于要返回米兰，亚历山德罗还不得不陪他留住在巴黎一个时期。还正是彼得·韦里为他写了《对一篇题为〈《论犯罪与刑罚》注评〉文章的回答》，这篇文章于1765年在卢加诺发表，及时地反驳了多明我教会修道士安杰洛·法基内对《论犯罪与刑罚》作者卑鄙而恶毒的指责。

威尼斯寡头政府特别担心贝卡里亚对于在威尼斯共和国中被广泛采用的秘密控告所发表的激烈批评，在法基内奉威尼斯寡头政府之命而写的这本小册子中，《论犯罪与刑罚》的作者被说成是

“狂妄的骗子”“头脑狭隘而有限”“充满无耻的矛盾、诡辩和不合逻辑的推论”。法基内指控贝卡里亚是“宗教和基督教的敌人”“恶劣的哲学家和坏人”，指控贝卡里亚认为“宗教同一个国家的良好政府是水火不相容的”，总之，是“一个邪恶的作者，他把教士当作小丑，把君主当作暴君，把圣人当作溺信之徒，把宗教当作欺骗，甚至亵渎造物主的尊严”。

没有必要在此罗列当时所有针对贝卡里亚及其著作的攻击与谩骂，只要看看法基内所写之书（其篇幅几乎超过了贝卡里亚作品一倍）的结论部分，那些攻讦的恶毒程度即可略见一斑：“这本书虽然很薄，却充满了对宗教的和世俗的立法者、对君主们，特别是对神圣的教会法庭的无益咒骂，包含着所有最严重、最叛逆的谬论，使用古代与现代所有最为大不敬的异教徒和离经叛道者的语言亵渎君主和基督教。在这本薄薄的小册子中，作者想把本世纪最离经叛道作品中的所有谬误与邪说都写进去”。

只要读读《论犯罪与刑罚》就足以证实，对贝卡里亚的上述指控是毫无根据的。在这本书中，尽管作者表示坚决反对他那个时代的各种谬误以及过头的纠问式诉讼制度，却没有采取背叛的态度，也并不是要做异端者。但是，产生的反应，包括某些过分的反应都表明，贝卡里亚著作实质上所具有的革命性以及在当代世界所引起的效果都是很恰当的。

对于贝卡里亚来说，他最关心的也许是改革的建议被接受，而不是奢想做一名殉道者。他急忙在五天之内写了——更准确地讲是让他的朋友韦里写了——我们上面提到的《回答》，也许是因为过于担心被视为作乱者和异端者，在那里，他声明自己是一个好的臣民，好的教徒，并断言自己被别人所误解。他在辩护中最后写道："有人可能感到奇怪，为什么我要回答这样一位对手；但如果注意到所讨论议题的重要性，那将不足为奇。这是一名基督徒作者向其神圣信仰所表达的公开敬意：或者当他蒙冤受屈时为自己辩护，或者当他犯了这种错误时收回自己的言论……。对我的指控不是在某一位法官、某一个法庭面前提出的，而是在意大利的所有法官、所有法庭面前提出的，这不是一个文学问题。如果这些指控得到证实，我将成为世界上最受厌恶的人；如果它们没有得到证实，我原谅我的对手，只要他将来不再去向我们意大利的其他作者发起同样的审判，我也不再向其提出其他要求……"

《论犯罪与刑罚》的第二版以"致读者"开始，里面确认了这个观点，并公开表白了他的忠诚和顺从，请读者不要相信对他著作所做的错误解释。"任何想以他的批评为我增添荣耀的人，起码不应该把我的原则看成是对道德或宗教的危害，我已经讲过，我的原则并不是那样的。请您竭力去寻找我在逻辑上的错误或政治上的短见，而不要把我当作不信教者或作乱者吧。请您不要惧怕任何维护人类利益的建议吧。请您用我的原则可能造成的政治危害或不利来说服我，并向我展示现行成规的优点吧，我已经在对《注评》的回答中，公开表明了我的宗教信仰及我对君主的驯服；再去作类似的答复，大概就多余了。然而，如果有人怀着诚实者所特有的庄重，并聪明地使我免于去证实那些首要原则（无论它们具有怎样的特点），来向我提问的话，那么他将发现，我不但是一个努力的解答者，同时还是一个和蔼的真理的热爱者。"

有人根据上述声明就谴责贝卡里亚卑下，甚至连当代最认真、最敏锐的传记作家和评论家之一阿玛梯也写道:“如果贝卡里亚采用沉默的蔑视并且以对自己原则的直率声明来回答修道士(法基内)的指责,他很可能也碰上马基雅维里、伽利略、加诺纳(Giannone)的运气,而这正是他所羡慕的。但是,他太软弱了,因此,受到这种精神折磨之后,可怜的贝卡里亚投降了!在孤独的屋室里,他感到没有力量去抗击多少世纪以来所积聚的对于可怜的人类的偏见,他的惊恐只反映在面对教廷职部的神圣法庭所流露的思虑之中。所以,在五天之内,他就写出了其篇幅相当于《论犯罪与刑罚》的一本册子(他多么懒惰呀!这真是恐惧狂的奇迹!)。”

且不谈著名的《回答》并不是贝卡里亚的作品,而是韦里的作品(尽管贝卡里亚曾一度使人相信是他写的,以至于连与他友好的韦里也对此产生了反感),对贝卡里亚性格的否定性判断看来是站不住脚的。更何况贝卡里亚自己证实了他的勇气和独立性,几年后,他曾拒绝接待特意来拜访他的拿波里国王。我认为,贝卡里亚的确很关心自己的思想不要被法基内那样的人加以歪曲或曲解,然而,他更念念不忘的是实现他的改革建议。为了达到这一目标,他认为最适当的是通过说服的途径,而不是叛乱的途径。

事实证明贝卡里亚对了。不但他的著作取得了成功,世界各地甚至连当初曾经非常激烈地指责过他的威尼斯都很快给予了贝卡里亚以承认和赞誉。虽然《论犯罪与刑罚》一书在1781年以前一直被列为禁书,但它却受到很多人的欢迎。1765年一位朋友(贝蒂内利[Bettinelli])在给贝卡里亚的信中写道:“当最初笼罩着威尼斯内部态度的恐怖阴影过去之后,威尼斯也像其他家族和人,包括那些有缺点的人们那样珍视这本书。”1768年维斯贡第(Vesconti)也从威尼斯给贝卡里亚写信说:“人类的辩护人、人类的保护人,这是所有向我谈起你的人给你起的作为代号的名字。在这里,在这群不多的文人当中,一谈到人类权利的保护人和辩护人,就准是在指贝卡里亚。所有的人都急切地想见到你并亲自与你认识。当人们和我谈起你时,都不相信你只有三十岁。大家都张开双臂期待着你,他们热切地要求我邀请你来威尼斯。过去曾经在这里极力禁绝你的书的人,现在正期待着你,盼望着你,颂扬着你,赞叹着你,并成了你的书的书迷。”

早在1765年,伯尔尼经济协会就授予了《论犯罪与刑罚》的作者一枚金质奖章。同年10月1日,《文学报》称赞贝卡里亚是“敢于为保卫人类,反对最根深蒂固的偏见而呐喊”的公民。

然而更有意义的是,这部著作在政府官员中所取得的实际结果,以及对当时和后来的立法所发生的影响。1766年2月4日符腾堡公爵给他写信说:“我向您保证:我将全力奋斗去废除那些令自然为之惊骇并被您所战胜的野蛮刑罚。”1767年12月30日贝卡里亚接到一封哥本哈根的来信,告知他:曾经规定了极残酷刑罚的丹麦法律正在“按照您所提出的健康而有益的原则”进行改革。那股导致很多国家废除刑讯和死刑的巨大改革浪潮,迅速地席卷了意大利和整个世界。

1766年11月18日舞蹈家安乔里尼(Angiolini)从彼得堡写信给贝卡里亚说:“赛拉岑(Selaghin)阁下(内阁部长)不仅读了并赞赏您的著作,而且,针对这个国家为调查犯罪从实施惩罚开始的旧制度,在他于那尔瓦(Narva)建立的新城赛堡(Semburg),他已经颁布了再不要对任何人进行刑讯的法律。我还要告诉您:君已经读过了您的著作，阁下所努力维护和坚持的人道主义赢得了她内心的同情。”

的确，俄国女王叶卡捷琳娜二世向贝卡里亚发出邀请，她在俄国首都为他提供了一个职位，这致使考尼特兹(Kaunitz)部长不让贝卡里亚离开其祖国。1767 年 4 月 27 日，考尼特兹从维也纳写信给伦巴第总督菲尔米安(Firmian)伯爵，就这件事向他示意说：“但愿别在国家中失去一位不仅用知识武装着，而且从他的书来看，似乎也习惯于思考的人，尤其在我们缺乏思想家和哲学家的情况下。甚至如果这些思想家和哲学家被外国人在凭智慧而作出的估量中先发现到，这似乎并不给整个内阁带来多大荣誉。”

因此，考尼特兹部长建议在米兰的宫廷学校里为贝卡里亚安排一个讲授公法的席位。然而实现这一愿望却碰到了各种阻力，这当中当然包括“教士竭力使公众对贝卡里亚所持有的怀疑”。1768 年 12 月，贝卡里亚被授予“议会学”(后来被称为公共经济学)的讲授席位。1771 年他被任命为最高经济委员会的委员。贝卡里亚曾以该身份写过各种“咨询意见”，其中值得一提的是 1792 年关于修改法典的“咨询意见”，在这一“咨询意见”中，贝卡里亚试图实现他在这部著作中所陈述的司法改革的思想。

贝卡里亚的思想在奥地利帝国的首都很快得到实现，那里完全废除了刑讯并限制了死刑。而这时，贝卡里亚的学说却在米兰参议院遭到激烈的反对。直到 1776 年，女皇玛丽娅·特雷莎(Maria Teresa)才不顾参议院的反对票，下令废除刑讯。由于刑讯仍不时地被继续采用，考尼特兹向米兰参议院发出了以下批复：“应该彻底废除刑讯，以执行陛下（米塞佩二世[Giuseppe II]）已颇为明确地诏示的意志。”1789 年 9 月 11 日的一项命令规定:“刑讯应该完全废止,当需要取得消极的或顽抗的被审查人的口供和适当的回答或者取得对共犯的揭发时,要这样;当需要洗刷证人、同伙和其他不名誉者的耻辱,需要澄清被审查人与证人之间的矛盾,以及参议院一直下令对罪犯(即使在死刑判决被宣布之后)施行刑讯的其他情况时,更要这样。”

在改革刑事制度的伦巴第刑法委员会里,贝卡里亚曾经为废除死刑进行了斗争,但没有成功。米塞佩二世死后,皇帝莱奥波尔多二世(Leopoldo II)再次召集了这个刑法委员会。死刑问题被列入 1782 年 1 月 12 日会议的议程之中,讨论一直在后来的会议上延续着。贝卡里亚、利斯(Risi)和最高法院的委员格拉蒂·斯科蒂(Gallarati Scotti)处于少数派的地位同其他成员对峙,其中包括主席莫罗斯尼(Morosini)、律师博尔吉(Borghi)和其他著名的法学家。

讨论结束时,由于意见不一致,大家商定关于这一议题的决议保持悬而未决,并送给考尼特兹部长两份附有会议发言记录的报告。少数派的执笔人是贝卡里亚。在最后这份文件中,他就反对把死刑作为惩罚普通犯罪的一般刑罚这一议题作了总结和补充,其说服力大大超过了《论犯罪与刑罚》中的论述。他写道:“我们三位签名人坚定地认为不应当适用死刑,除非存在着具有某种积极必要性的情况,在社会的和平状态中并且在正常的司法管理条件下,我们很难发现这种积极必要性,只有在一种情况下才会出现此必要性,即:某个犯罪人阴谋颠覆国家,尽管受到监禁并被严加看管,却仍能够通过所继续保持的内外联系重新侵扰社会,并且陷社会于危难。”“除了我们前面列举的那种情况以外，不宜适用死刑。首先是因为死刑是不必要的，因而是不公正的。其次是因为死刑不如终身刑有效，如果这种终身刑具备有效和持续的公开性；第三是因为死刑是不可补救的。”

关于不可补救性的论点，在《论犯罪与刑罚》中被忽略了，现在贝卡里亚特别地提出来，从而触及了关于司法错误的重大问题，尽管是放在末尾的一个问题。贝卡里亚写道：“根据对所有法律制度的考察人们发现：判处罪犯死刑的充足证据从来都达不到排除上述相反可能性的程度。即使提供证言的证人为两人以上，即使关于犯罪嫌疑的证据数量繁多且相互独立，并且这些证据都得到被告人供述的印证，上述证据仍超不出道德肯定性的范围，经过认真考察，这种道德肯定性只不过是一种最高的可能性，别无可说。几乎在所有的国家都出现过这样的事例：一些臆想中的罪犯被判处了死刑，原因就是所依据的证据被推测为不可辩驳的。”贝卡里亚做结论说：“因此，那种促使我们要求取消死刑的同情心并不是对罪犯们的错误同情。”“死刑，如果说能够最快捷地摆脱罪犯的话，对于打击犯罪却不是最适当的。”

这篇报告可以看作是贝卡里亚的绝笔，以此完结了他的有关研究工作，而且，实际上也完结了他的生命。两年之后，准确地说是 1794 年 11 月 28 日，他因中风死于米兰，那里正是五十六年前（1738 年 3 月 15 日）他诞生的地方。

在这里，没必要去回忆贝卡里亚生活中的其他事件，无数传记作者对此做了广泛的描述。费时间去谈论那些大部分毫无根据的责难也划不来，这些责难都是针对贝卡里亚性格的软弱而发起的，具体说，针对的是他对自己第一位妻子的嫉妒（她的确造成过这种机会），以及他在对待彼得·韦里上的品行（贝卡里亚当然欠他很多东西）。

我们也不必多谈贝卡里亚的其他著作，尤其是我们已经提到的《米兰公国的货币混乱及其救治》、1770 年在米兰出版并由莫雷莱于 1771 年译成法文的《关于风格的研究》和《公共经济课程》，在后一部著作的序言中，贝卡里亚强调指出："那些被委托从事公共教育的人所负有的神圣义务是：应当始终运用明确的、通俗的、有力的真理的用语。"

相反，我们认为应当强调指出《论犯罪与刑罚》这一基本著作中的某些最有意义的段落。无疑，如要感受该著作的现代性和现实性，直接阅读强于任何评论。

《论罪犯与刑罚》所宣告的宗旨是研究与批判"残酷的刑罚和不规范的刑事诉讼程序并向其开战，几乎整个欧洲都忽略了这一重要的立法问题。只有极少数人根据普遍原则去纠正几百年来所沿袭的谬误，至少是用已被认识的真理所具有的力量制止住了偏向势力过于放任的发展。这股偏向势力至今已把冷酷变成了长期合法的惯例"。作者评论说，受到残酷的愚昧和富奢的怠惰宰割的软弱者在吞声饮泣；对于未经证实的或臆想中的罪犯所徒劳滥施的野蛮折磨正在变本加厉；不幸者最凶狠的刽子手是法律的捉摸不定以及监狱的日益阴森恐怖。这一切应该惊动那些引导人类见解的司法官员。

单是这一前提就足以立即表明作者决心考察的问题的广泛性以及本著作意义深远的革新特点。也许是为了给他追求的根本改革的目标提出一个样本和尺度，贝卡里亚迅速地触及到他在以后的各章中全面加以论述的最棘手的议题，“死刑对于维护社会的正常秩序和安全来说，真是有益和必要的刑罚吗？刑讯和折磨算是正义吗？它们能实现法律所提出的宗旨吗？什么是预防犯罪的最好方法呢？同样的刑罚在任何时候都是同样有利的吗？它们对习俗又产生什么样的影响呢？”作者提出要以“几何学的精确度”来回答这些问题，并立即声明：“如果当我坚持人类的权利和神圣真理的权利时，恰恰是把某些暴政或愚昧（它们同样是灾难）的不幸牺牲品从死前的痛苦和抽搐中拯救出来，一个无辜者在惊喜中流出的泪水和发出的颂扬，对于我是一种安慰，它使我忘却了别人对我的轻蔑。”

从权利契约论的观点出发（“正是这种需要迫使人们割让自己的一部分自由，而且，无疑每个人都希望交给公共保存的那份自由尽量少些，只要足以让别人保护自己就行了。这一份份最少量自由的结晶形成惩罚权。一切额外的东西都是擅权，而不是公正，是杜撰而不是权利”），贝卡里亚奠定了现代刑法和刑事诉讼法的三项基本原则，即：刑事法律的明确性（法无规定不为罪[nullum crimen sine lege]），程序的不可废止性（非经审判不得处刑[nulla poena sine judicio]）——这种程序是建立在权利分立的原则基础之上的，刑法的人道化——这同承认刑罚的预防特点紧密相连。

贝卡里亚写道：“只有法律才能为犯罪规定刑罚。只有代表根据社会契约而联合起来的整个社会的立法者才拥有这一权威。”他接着写道：“代表社会的君主只能制定约束一切成员的普遍性法律，但不能判定某个人是否违反了社会契约。由于国家可能分成为两方：君主所代表的一方断定出现了对契约的侵犯，而被指控的另一方则予以否认，所以，需要一个判定事实真相的第三者，这就是说，需要一个作出终极判决的司法官员，他的判决是对具体事实作出单纯的肯定或否定。”他最后写道：“即使严酷的刑罚的确不是在直接与公共福利及预防犯罪的宗旨相对抗，而只是徒劳无功而已，在这种情况下，它也不但违背了开明理性所萌发的善良美德——这种理性往往支配着幸福的人们，而不是一群陷于怯懦的残忍循环之中的奴隶——同时，严酷的刑罚也违背了公正和社会契约的本质。”

这三项原则代表着自由、正义、人道的基本保障，这在今天似乎是显而易见的。而在中世纪，君主的权威往往是绝对的，等级的特权是不可逾越的，刑罚的残酷性——例如采用刑讯——完全是平常和合法的事情，如果人们想到这些原则是在一个基本属于中世纪的社会中提出的，将会赞赏贝卡里亚著作的深刻的革新特点，并明白为什么它的一些建议简直被逐字逐句地收录在二十五年后伴随法国革命而产生的《人权宣言》之中。

中世纪审判的擅断性特点被贝卡里亚归入解释法律的问题。由于迫切地希望尽可能地捍卫法律明确性这一原则，他甚至毫不犹豫地反对给予法官以任何解释刑法的权力。显然，贝卡里亚首先想到的是类推解释的危险，他写道：“刑事法官根本没有解释刑事法律的权力，因为他们不是立法者。”“法官对每个刑事案件都应进行一种完整的三段论式逻辑推理。大前提是一般法律，小前提是行为是否符合法律，结论是自由或者刑罚。一旦法官被迫或自愿做哪怕只是两种三段论推理的话，就会出现捉摸不定的前景。”

他又写道："'法律的精神需要探询'，再没有比这更危险的公理了。""每个人都有自己的观点，在不同的时间里，会从不同的角度看待事物。因而，法律的精神可能会取决于一个法官的逻辑推理是否良好，对法律的领会如何；取决于他感情的冲动；取决于被告人的软弱程度；取决于法官与被侵害者间的关系；取决于一切足以使事物的面目在人们波动的心中改变的、细微的因素。"

这种怀疑主义倾向导致贝卡里亚将文字解释奉为唯一的解释——除为君主立法者保留的解释权外。尽管贝卡里亚完全意识到这种结论有些过分，但他认为："严格遵守刑法文字所遇到的麻烦，不能与解释法律所造成的混乱相提并论。这种暂时的麻烦促使立法者对引起疑惑的词句作必要的修改，力求准确，并且阻止人们进行致命的自由解释，而这正是擅断和徇私的源泉。"关于对法律的解释这一章最后提出了这样一个看法，至少在习惯方面，我们感到可以完全地赞同这个看法，因为，它至今还是现实的。"当一部法典业已厘定，就应逐字遵守，法官唯一的使命就是判定公民的行为是否符合成文法律。当既应指导明智公民又应指导无知公民的权利规范不再是争议的对象，而成为一种既定事物的时候，臣民们就不再受那种小型的多数人专制的摆布，受难者与压迫者间的距离越小，这种多数人专制就越残忍"。

关于实体刑法的最尖锐、最令人感兴趣的论断是贝卡里亚在研究刑罚，尤其是在涉及死刑问题时所发表的评论。首先，他肯定了刑罚的一般防预和特殊预防的目的。这是最鲜明地体现了其思想现代性的一个观点。"刑罚的目的既不是要摧残折磨一个感知者，也不是要消除业已犯下的罪行。""难道一个不幸者的惨叫可以从不可逆转的时间中赎回已经完成的行为吗?”刑罚的目的仅仅在于:阻止罪犯再重新侵害公民,并规诫其他人不要重蹈覆辙。“因而,刑罚和实施刑罚的方式应该经过仔细推敲,一旦建立了对称关系,它会给人以一种更有效、更持久、更少摧残犯人躯体的印象。”

就在发出这些教诲之后不久,我们(意大利)的《宪法》第27条就庄严宣告:“刑罚不得含有违反人道观念的处分,而应当以对被判刑人的再教育为目的。”

在题为“刑罚的宽和”的一章中,为了证明残酷制裁所造成的有害结果“同预防犯罪的宗旨相违背”,贝卡里亚所阐述的主张是何等的现实,值得很多现代学者认真反复地阅读和思索。

“滥施极刑从来没有使人改恶从善。”我们的作者从这个起点开始发挥以达到否定死刑的目标。在这个议题上,作者的论述变得更加激烈,论理更加严谨,逻辑更加无懈可击。他溯本求源地提出问题,尖锐地质问道:“人们可以凭借怎样的权利来杀死自己的同类呢?”“有谁愿意把对自己的生死予夺大权奉予别人操使呢?每个人在对自由作出最小牺牲时,怎么会把冠于一切财富之首的生命也搭进去呢?如果说这已成为事实的话,它同人无权自杀的原则怎么协调呢?”对于这些问题的否定回答使作者得出结论:死刑既不是正义的,又不是有益的,也不是必需的。在他看来这是荒谬的:“体现公共意志的法律憎恶并惩罚谋杀行为,而自己却在做这种事情;它阻止公民去做杀人犯,却安排一个公共的杀人者。”

贝卡里亚从对死刑的批判中得出刑罚的及时性和确定性这两条应该为一切时代的立法者和法官所牢记的基本规则。“惩罚犯罪的刑罚越是迅速和及时，就越是公正和有益。”“对于犯罪最强有力的约束力量不是刑罚的严酷性，而是刑罚的必定性。”“即使刑罚是有节制的，它的确定性也比联系着一线不受处罚希望的可怕刑罚所造成的恐惧更令人印象深刻。”贝卡里亚对于宽免措施的根本反感，就是由此而产生的。我们的法制也受到这种宽免的危害。

在根据犯罪的特殊方面进行系统分类（“有些犯罪直接地毁伤社会或社会的代表；有些犯罪从生命、财产或名誉上侵犯公民的个人安全；还有一些犯罪则属于同公共利益要求每个公民应做和不应做的事情相违背的行为”），并对各类犯罪作出具体评论之后，贝卡里亚在最后一章中又回到本书的真正中心议题——预防犯罪上来。“预防犯罪比惩罚犯罪更高明，这乃是一切优秀立法的主要目的。从全面计量生活的幸福和灾难来讲，立法是一门艺术，它引导人们去享受最大限度的幸福，或者说最大限度地减少人们可能遭遇的不幸。”作者还试图提出能够做好有效的预防工作的具体途径。“那你们就应该把法律制定得明确和通俗；就应该让国家集中全力去保卫这些法律。”“就应该使法律少为人的某些阶层服务，而让它为人服务；就应该让人畏惧这些法律，而且是让他们仅仅畏惧法律。对法律的畏惧是健康的，然而，人对人的畏惧则是有害的，是滋生犯罪的。”他接着写道：“预防犯罪的再一项措施是：奖励美德。”“最后，预防犯罪的最可靠但也是最艰难的措施是：完善教育。”由此，他提出以下的普遍公理作为本书的总结：“为了不使刑罚成为某人或某些人对其他公民施加的暴行，从本质上来说，刑罚应该是公开的、及时的、必需的，在既定条件下尽量轻微的，同犯罪相对称的，并由法律规定的。”

这些就是贝卡里亚在实体刑法方面所得出的结论。但是，如果认为作者的评论只局限于实体法方面，那就犯了一个重大错误。虽然有关刑事诉讼部分的论述是同有关刑法部分的论述混合或者交错进行的，但是，它仍然在本书的总体结构中占据着极为重要的地位。

在这方面，最重要的就是关于刑讯的一章。在这一章中，贝卡里亚不仅向调查真相的野蛮制度发起攻击，对于它的有用性和有效性提出正当的怀疑（“这种方法能保证使强壮的罪犯获得释放，并使软弱的无辜者被定罪处罚。”“两个同样的无辜者或罪犯，强壮勇敢的将获得释放，软弱怯懦的将被定罪处罚”），而且，针锋相对地探讨认罪口供尤其是通过刑讯获得的认罪口供的意义问题，将这个问题同无罪推定的最普遍原则联系在一起。他写道：“在法官判决之前，一个人是不能被称为罪犯的。只要还不能断定他已经侵犯了给予他公共保护的契约，社会就不能取消对他的公共保护。”他指出：“犯罪或者是肯定的，或者是不肯定的。如果犯罪是肯定的，对他只能适用法律所规定的刑罚，而没有必要折磨他，因为他交待与否已经无所谓了。如果犯罪是不肯定的，就不应折磨一个无辜者，因为，在法律看来，他的罪行并没有得到证实。”

贝卡里亚可没少用尖刻的语言抨击刑讯这个“名声不佳的真相熔炼炉”，他指出：“在野蛮的古老法制中，烈火和沸水的考验以及其他一些捉摸不定的械斗曾被称作‘神明裁判’，似乎上帝手中永恒链条的环节在任何时候都会被人类轻率的手段所瓦解和脱节。而那个名声不佳的真相熔炼炉，正是今天仍保留的古老法制的纪念碑。”在提醒人们注意“无辜者被屈打成招为罪犯”的无数事例之后，他毫不犹豫地讽刺说："一位数学家大概会比一位法官把这个问题解决得更好：他根据一个无辜者筋骨的承受力和皮肉的敏感度，计算出会使他认罪的痛苦量。"

当时与此相连的整个诉讼制度都受到了贝卡里亚的谴责。对秘密控告的尖锐批判，对预防性看守的评论（作者希望它的使用仅限于法律所严格规定的情况，以避免采自法官的任何擅断），对证据（也试图对其加以分类）、举证的意义和讯问被告人（很有道理地要求废止宣誓）等问题的评论，以及对诉讼程序秘密化的公开反对，这一切都概括地证明了我们的作者对于刑事诉讼中最棘手问题的敏感，尤其证明了他思想上深刻的自由特点。为了说明起见，可以回顾一下贝卡里亚针对预防性羁押这个复杂而令人头痛的议题所发出的警告："剥夺自由作为一种刑罚，不能被施行于判决之前，如果并没有那么大的必要这样做的话。在被宣判为罪犯之前，监禁只不过是对一个公民的简单看守；这种看守实质上是惩罚性的，所以持续的时间应该尽量短暂，对犯人也尽量不要苛刻。""监禁的严密程度只要足以防止逃脱和隐匿犯罪证据就可以了。"

这后一个教诲也向我们表明：如果说贝卡里亚在二百年前所提出的许多原则今天已被一切文明法制所接受的话，那么对于另一些原则来说，缓慢而不可逆转的进步还在同蒙昧主义、各种偏见以及通过各种形式表现出来的对自由的压制进行着不断的斗争。遗憾的是：一个时期曾荒谬地作为获取证据的合法手段的刑讯，至今还继续存在，尽管已经转入地下，并隐藏在其他各种形式之下。在诉讼程序上还存在着令人愤慨的迟缓，这对犯罪人有利，对无辜者则有害，而且对他们意味着一种折磨，毫不夸大地说，这是一种地地道道的精神折磨。

从刑法的高度人道主义观点和真正的普世观点出发，贝卡里亚提出了宏大的改革计划，对此，我们已经通过引用作者的有关论述，努力介绍了一个大致的框框。

只要贝卡里亚在他不朽的著作中所描述和捍卫的、同他的名字永远联系在一起的这些原则，还没有在所有的文明国家（遗憾的是，死刑仍存在于其中一些国家）中迅速得以圆满实现，我们就不能结束这些简短的解释。

对于一切事物，尤其是艰难的事物，人们不应期待播种与收获同时进行，为了使它们逐渐成熟，必须有一个培育的过程。

——培根

目　　录

致读者 3

一位在1200年前曾统治君士坦丁堡的君主，授命编纂了古代一个征服者民族的法律[①]，而后，这些法律同伦巴第人[②]的习俗混杂在一起，并包容在充满私人所作的含混解释的典籍之中。这些法律残余形成了至今仍被欧洲大部分地区称之为法律的传统见解。卡尔布索沃[③]的见解、克拉洛[④]所提到的古代习惯以及法里纳奇[⑤]抱着狂暴的得意建议实行的折磨，成为那些本来应当诚惶诚恐地主宰人们生活和命运的人所深信不疑的法律，这在今天同样是一种不幸。

本书将从刑事制度方面研究这些保留着最野蛮世纪痕迹的法

---

① 罗马皇帝优士丁尼(Iustinianus 又译查士丁尼，482—565)曾授命编纂《民法大全》，它由四部分组成：汇集了罗马法学家论断的《学说汇纂》、用作教科书的《法学阶梯》(又译《法学总论》)、《优士丁尼法典》和《新律》。——译者注

② 伦巴第人是日耳曼人的一支。568年，伦巴第人入侵意大利北部，建立了伦巴德王国。——译者注

③ 卡尔布索沃(Benedikt Carpzov，1595—1666)，17世纪德国有影响的法学家之一。他在莱比锡担任过助理地方长官(scabino)，曾炫耀自己在任职期间判处过大量的死刑。——译者注

④ 克拉洛(Giulio Claro，1525—1575)，意大利犯罪学家，其代表作为《判决汇编》。在这部五卷本的著作(最后一卷涉及刑法和刑事诉讼法)中，介绍了许多意大利当时盛行的习惯。——译者注

⑤ 法里纳奇(Prospero Farinacci，1544—1618)，意大利刑法学家和律师，其代表作《刑事理论与实践》为当时的刑法学教学提供了框架。——译者注

律，并以那些愚昧而鲁莽的俗人所不具有的风度，向公共幸福的领导者勇敢地揭露这些法律的弊端。本书作者在写作中能如此坦率地探索真理，并如此独立于世俗之见，完全因为他所处国家的政府温和而开明。伟大的君主——统治人类的恩人喜爱无名的哲学家
4 根据理性冷静地揭示的真理，只有醉心于强力或冒险的人才煽动与理性格格不入的狂热。在那些透彻地研究了整个情形的人看来，目前的弊端只不过是对旧时代的讽刺和谴责，而不是对本世纪及其立法者的嘲讽。

如果说舆论比强力更能深入人心的话，如果说温和与人道能使一切人接受正当权威的话，那么，本书的宗旨正是为了提高这一权威，而不是要削弱它。因而，只有首先很好地理解这一点的人，他的批评才能使我感到荣幸。对本书所发表的恶意批评产生于概念上的混乱，这迫使我暂时停止同开明读者的论理，而去一劳永逸地杜绝一切漏洞，以免引来一些神经过敏的误解或恶意嫉妒的诽谤。

神明启迪、自然法则和社会的人拟协约，这三者是产生调整人类行为的道德原则和政治原则的源泉。就其目标的主导地位来说，前者与后二者之间是不可比拟的。然而，这三者同样都在开创世俗生活的幸福。研究后者的关系并不等于把前二者置之不理。相反，在堕落的人脑中，神明启迪和自然法则——尽管这二者是神圣的和不可改变的——早已被虚伪的宗教和无数随意的善恶概念所亵渎了，因此，看来需要单独地研究根据共同需要及功利加以表述或设想的纯人类协约的产物。这种观点是每个教派和每个道德体系都必定会同意的；迫使最固执己见、最不信教的人也遵守促使人类过社会生活的那些原则，这是值得赞赏的。

善与恶区分为三大不同的类别，即宗教的、自然的和政治的。这三者绝不应相互对立。然而，并不是由一者所得出的所有结论和义务，也同样由其他两者那里得出。并非启迪所要求的一切，自然法同样要求；也并非自然法所要求的一切，纯社会法也同样要求。不过，把产生于人类契约即人们确认或默许的公约的东西分离出来，倒是极为重要的，因为，它的力量足以在不肩负上天特别 5
使命的情况下，正当地调整人与人之间的关系。

总之，关于政治美德的观念，可以名正言顺地说是千变万化的；关于自然美德的观念则总是清晰明了的，如果人的呆痴和欲望还没有使她黯然失色的话；而关于宗教美德的观念却是单一和永恒的，因为它直接由上帝启迪和保存。

指责探讨社会契约及其结果的人是在谈论违背自然法和神明启迪，看来这是错误的，因为这种讨论并没有涉及后两者。指责人们在谈论社会状态前的战争状态时，坚持霍布斯[①]的观点，即认为这是没有任何义务和不受任何先存约束的结果，而不认为它是人类本性败坏和没有明示制裁所造成的事实，也是错误的。怪罪考察社会契约内容的人不承认在这种契约颁布前就存在这些内容，同样是错误的。

从本质上讲，神明公正和自然公正是永恒不变的，因为，两个同样对象之间的关系总是相同的。但是，人类公正，或曰政治

---

① 霍布斯（Thomas Hobbes，1588—1679），英国唯物主义哲学家、政治思想家、古典自然法学派代表之一。他认为人的本性是利己主义的，当人类生活在自然状态时，处于“一切人反对一切人的战争状态”中，为了和平和秩序，人们必须将所有的权力和力量都交给国家，即统治者（君主）。——译者注

公正，却只是行为与千变万化的社会状态间的关系，它可以根据行为对社会变得必要或有利的程度而变化。如果人们不去分析错综复杂和极易变化的社会关系组合，就会对此辨认不清。一旦这些本质上相互区别的原则被混淆，便无望就公共议题作出正确解释了。神学家的任务是根据行为内在的善或恶来确定正义与非正义的界限。公法学家的任务是确定政治上的正义与非正义的关系，即行为对社会的利弊关系。既然每个人都看到纯
6 粹的政治美德会屈从于上帝颁布的永恒的宗教美德，上述对象就绝不可能相互妨害。

我再重复一遍：任何想以他的批评为我增添荣耀的人，起码不应该把我的原则看成是对道德或宗教的危害，我已经讲过，我的原则并不是那样的。请您竭力去寻找我在逻辑上的错误或政治上的短见，而不要把我当作不信教者或作乱者吧。请您不要惧怕任何维护人类利益的建议吧。请您用我的原则可能造成的政治危害或不利来说服我，并向我展示现行成规的优点吧，我已经在对《注评》的回答[①]中公开表明了我的宗教信仰及我对君主的驯服；再去作类似的答复，大概就多余了。然而，如果有人怀着诚实者所特有的庄重，并聪明地使我免于去证实那些首要原则（无论它们具有怎样的特点）来向我提问的话，那么他将发现，我不但是一个努力的解答者，同时还是一个和蔼的真理的热爱者。

① 贝卡里亚的《论犯罪与刑罚》出版后，多明我教会的教士法基内（Facchinei）写了《对题为〈论犯罪与刑罚〉一书的注评》，对贝卡里亚进行攻击。《对一篇题为〈对《论犯罪与刑罚》的注评〉的文章的回答》是为反击法基内而写的。该文虽以贝卡里亚的名义发表，实际上却是由韦里兄弟执笔撰写的。——译者注

一、引言 7

人们往往把最重要的调整工作委弃给平庸的谨慎和个别人的裁量，而这些裁量者所关心的是反对实质上是利益均沾的高明法律，这种法律遏制他们结成寡头，拒绝把一部分人捧上强盛和幸福的顶峰，把另一部分人推向软弱和苦难的深渊。所以，人们只有在亲身体验到关系着生活和自由的最重要事物中已充满谬误之后，并在极度的灾难把他们折磨得筋疲力尽之后，才会下决心去纠正压迫他们的混乱状况，并承认最显而易见的真理，即那些由于简单而被他们平庸的头脑所忽略的真理。平庸的头脑不习惯于分析事物，而习惯于根据传统而不是根据考察来接受强烈的印象。

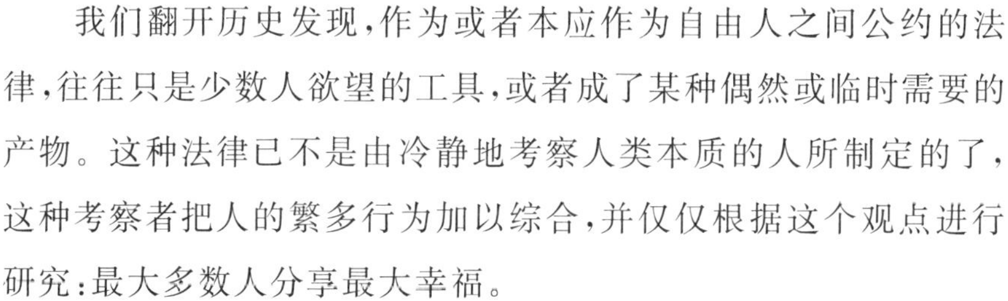

我们翻开历史发现，作为或者本应作为自由人之间公约的法律，往往只是少数人欲望的工具，或者成了某种偶然或临时需要的产物。这种法律已不是由冷静地考察人类本质的人所制定的了，这种考察者把人的繁多行为加以综合，并仅仅根据这个观点进行研究：最大多数人分享最大幸福。

只有极少数的民族不是等待缓慢的人类组合更迭运动在坏的极点上开创好的起端，而是利用优秀的法律促进其中间的过渡。幸福属于这样的民族！值得人们感谢的是那些勇敢的哲学家，他们从被人轻视的陋室向群众播撒有益真理的初种，尽管这些种子 8
很久没有得到收获。

人们已经认识到君主与臣民之间、国家与国家之间的真正关系。随着印刷业的发展，哲学真理成了共同的财富，这方面的交往振兴起来。国家之间悄悄地展开了一场产业战争，这是最符合人道的战争，是对于理智的人们可谓最值当的战争。这些成果都应归功于本世纪的光明。然而，只有极少数人考察了残酷的刑罚和不规范的刑事诉讼程序并向其开战，几乎整个欧洲都忽略了这一重要的立法问题。只有极少数人根据普遍原则去纠正几百年来所沿袭的谬误，至少是用已被认识的真理所具有的力量制止住了偏向势力过于放任的发展。这股偏向势力至今已把冷酷变成了长期合法的惯例。

受到残酷的愚昧和富奢的怠惰宰割的软弱者在吞声饮泣；对于未经证实的或臆想中的罪犯所徒劳滥施的野蛮折磨正在变本加厉；不幸者最凶狠的刽子手是法律的捉摸不定以及监狱的日益阴森恐怖。这一切应该惊动那些引导人类见解的司法官员。

不朽的孟德斯鸠院长[①]曾迅速地论及过这一问题，那不可分割的真理促使我循着这位伟人的光辉足迹前进，然而，聪明的读者都会把我同他的步伐加以区别。如果我也能像他那样赢得暗中平静地追随理性的善良者的秘密感谢，如果我能唤起那些善感者的心灵向人类利益的维护者发出热情共鸣，那么我真感到幸运！

如果说犯罪的本质随着年代和地点的不同而变化，用不着我们去一一赘述的话，现在我们将按次序研究并区分所有不同种类

① 孟德斯鸠(1689—1755)，法国启蒙思想家、法学家、古典自然法学派代表人物之一。1716 年承袭其伯父任波尔多(Bordeaux)议院院长。——译者注

的犯罪以及惩罚它们的方式。至于唤醒那些曲解了自由而企图实
现无政府状态的人们和那些喜欢驱使他人服从修道院禁律的人 9
们，我只想在示以最一般原则的同时，指出他们最要害的共同
错误。

但是，对于这些犯罪应适用什么样的刑罚呢？死刑对于维护社会的正常秩序和安全来说，真是有益和必要的刑罚吗？刑讯和折磨算是正义吗？它们能实现法律所提出的宗旨吗？什么是预防犯罪的最好方法呢？同样的刑罚在任何时候都是同样有利的吗？它们对习俗又产生什么样的影响呢？

应当用几何学的精确度来解释这些问题，因为这种精确度足以制胜迷人的诡辩、诱人的雄辩和怯懦的怀疑。如果我的功劳只在于第一个在意大利比较明确地提出其他国家已大胆写下并开始实践的东西，那么我深感荣幸。然而，如果当我坚持人类的权利和神圣真理的权利时，恰恰是把某些暴政或愚昧（它们同样是灾难）的不幸牺牲品从死前的痛苦和抽搐中拯救出来，一个无辜者在惊喜中流出的泪水和发出的颂扬，对于我是一种安慰，它使我忘却了别人对我的轻蔑。

11 二、刑罚的起源　惩罚权

道德的政治如果不以不可磨灭的人类感情为基础的话，就别想建立起任何持久的优势。任何背离这种感情的法律，总要遇到一股阻力，并最终被其战胜。正如一种虽然极小的力量，如果不断地起着作用，就能战胜任何传入肌体的强烈冲力一样。

我们向人的心灵作了调查，在那里，发现了君主惩罚犯罪的真正权利的基本原则。

没有一个人为了公共利益将自己的那份自由毫无代价地捐赠出来，这只是浪漫的空想。只要可能，我们当中的每一个人都希望约束别人的公约不要约束我们自己，都希望成为世界上一切组合的中心。

人类的繁衍尽管本身规模不大，却远远超过了贫瘠荒凉的自然界为满足人们日益错综复杂的需要而提供的手段，这就使一部分野蛮人联合起来。为了抵抗这最初的联盟，必然又形成了新的联盟。就这样，战争状态从个人之间转移到国家之间。

离群索居的人们被连续的战争状态弄得筋疲力尽，也无力享受那种由于朝不保夕而变得空有其名的自由，法律就是把这些人联合成社会的条件。人们牺牲一部分自由是为了平安无扰地享受剩下的那份自由。为了切身利益而牺牲的这一份份自由总合起来，就形成了一个国家的君权。君主就是这一份份自由的合法保存者和管理者。

但是，实行这种保管还不够，还必须保卫它不受每个私人的侵 12
犯，这些个人不但试图从中夺回自己的那份自由，还极力想霸占别人的那份自由。需要有些易感触的力量（motivi sensibili）来阻止个人专横的心灵把社会的法律重新沦入古时的混乱之中。这种易感触的力量就是对触犯法律者所规定的刑罚。我之所以称它为易感触的力量，是因为经验表明：如果所采用的力量并不直接触及感官，又不经常映现于头脑之中以抗衡违反普遍利益的强烈私欲，那么，群众就接受不了稳定的品行准则，也背弃不了物质和精神世界所共有的涣散原则。任何雄辩，任何说教，任何不那么卓越的真理，都不足以长久地约束活生生的物质刺激所诱发的欲望。

由此可见，正是这种需要迫使人们割让自己的一部分自由，而且，无疑每个人都希望交给公共保存的那份自由尽量少些，只要足以让别人保护自己就行了。这一份份最少量自由的结晶形成惩罚权。一切额外的东西都是擅权，而不是公正，是杜撰而不是权
利。[①] 如果刑罚超过了保护集存的公共利益这一需要，它本质上 13
就是不公正的。刑罚越公正，君主为臣民所保留的安全就越神圣不可侵犯，留给臣民的自由就越多。

① 请注意："权利"一词与"力量"一词并不矛盾。但是，最好说前者是对后者的修正，即对大多数人有利的修正。至于"公正"，我指的只是把单个利益联系在一起的必要纽带，否则，单个利益就会涣散在古时的非社会状态之中。

还必须注意：别把某种实物的概念，例如一种物理力和一种实在体的概念，与"公正"一词联系在一起。"公正"是人们的一种简单的思维方法，它对每个人的幸福产生着无限的影响。我这里讲的绝不是上帝所宣布的并与未来生活的赏罚有着直接联系的另一种公正。——作者原注

15 # 三、结论

由上述原则得出的第一个结论是：只有法律才能为犯罪规定刑罚。只有代表根据社会契约而联合起来的整个社会的立法者才拥有这一权威。任何司法官员(他是社会的一部分)都不能自命公正地对该社会的另一成员科处刑罚。超越法律限度的刑罚就不再是一种正义的刑罚。因此，任何一个司法官员都不得以热忱或公共福利为借口，增加对犯罪公民的既定刑罚。

第二个结论是：代表社会的君主只能制定约束一切成员的普遍性法律，但不能判定某个人是否违反了社会契约。由于国家可能分成为两方：君主所代表的一方断定出现了对契约的侵犯，而被指控的另一方则予以否认，所以，需要一个判定事实真相的第三者，这就是说，需要一个作出终极判决的司法官员，他的判决是对具体事实作出单纯的肯定或否定。

第三个结论是：即使严酷的刑罚的确不是在直接与公共福利
16 及预防犯罪的宗旨相对抗，而只是徒劳无功而已，在这种情况下，它也不但违背了开明理性所萌发的善良美德——这种理性往往支配着幸福的人们，而不是一群陷于怯懦的残忍循环之中的奴隶——同时，严酷的刑罚也违背了公正和社会契约的本质。

四、对法律的解释 17

第四个结论是：刑事法官根本没有解释刑事法律的权力，因为他们不是立法者。

法官们并不是从我们祖先那里接受法律，就像接受一些只要求后代恪守的家庭传统和遗嘱那样。他们是从现实社会，或者从它的代表者君主，即一切人意志的现存成果的合法托管人那里接受法律。他们不是把法律作为古代宣誓所承担的义务来接受，[①]那是一种无效的宣誓，因为它所约束的意志是不存在的；同时也是一种不公平的宣誓，因为它使人类从社会状态沦入动物的群居状态。法律源自于活着的臣民根据其共同意志向君主公开的或默示的宣誓，是作为约束和控制个人利益内心骚动的必要手段。法律真正的和实际的威力正在于此。

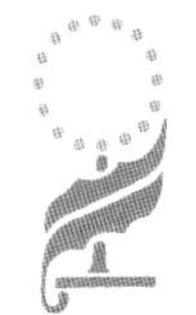

那么，谁是法律合法的解释者呢？是所有人现时意志的托管人——君主呢，还是其职责只在考察一个人是否有违法行为的法

---

① 如果说社会的各个成员都受到社会约束的话，同样，该社会通过一项实质上是互尽义务的契约，也同各个成员联系在一起。君主和臣民都承受着这种义务，它平等地约束着最伟大的人和最渺小的人。这种义务仅仅意味着大家共同关心的是：有利于大多数人的公约应得到遵守。

“义务”是最常在道德学中听到的一种说法。它是一种推理的缩写符号，而不是一个观念。您在“义务”一词中找不到任何观念。如您进行一下推理，您就会理解了，并且您也将被理解。——作者原注官呢?

法官对每个刑事案件都应进行一种完整的三段论式逻辑推理。大前提是一般法律,小前提是行为是否符合法律,结论是自由或者刑罚。一旦法官被迫或自愿做哪怕只是两种三段论推理的话,就会出现捉摸不定的前景。

“法律的精神需要探询”,再没有比这更危险的公理了。采纳这一公理,等于放弃了堤坝,让位给汹涌的歧见。在我看来,这个
18 道理已被证实。而在凡人看来却似乎是奇谈怪论,他们往往只感触到眼前的一些小麻烦,却察觉不出在一个国家已根深蒂固的荒谬原则所产生的致命而深远的结果。

我们的知识和我们的观念是相互联系的,知识愈是复杂,人们获得它们的途径以及考虑问题的出发点就愈多。每个人都有自己的观点,在不同的时间里,会从不同的角度看待事物。因而,法律的精神可能会取决于一个法官的逻辑推理是否良好,对法律的领会如何;取决于他感情的冲动;取决于被告人的软弱程度;取决于法官与被侵害者间的关系;取决于一切足以使事物的面目在人们波动的心中改变的、细微的因素。所以,我们可以看到,公民的命运经常因法庭的更换而变化。不幸者的生活和自由成了荒谬推理的牺牲品,或者成了某个法官情绪一时冲动的牺牲品。这样的法官把从自己头脑中一系列混杂概念中得出的谬误结论奉为合法的解释。我们还可以看到,相同的罪行在同一法庭上,由于时间不同而受到不同的惩罚,原因是人们听到的不是持久稳定的法律声音,而是飘忽不定的解释。

严格遵守刑法文字所遇到的麻烦,不能与解释法律所造成的

混乱相提并论。这种暂时的麻烦促使立法者对引起疑惑的词句做
必要的修改，力求准确，并且阻止人们进行致命的自由解释，而这 19
正是擅断和徇私的源泉。当一部法典业已厘定，就应逐字遵守，法官唯一的使命就是判定公民的行为是否符合成文法律。当既应指导明智公民又应指导无知公民的权利规范不再是争议的对象，而成为一种既定事物的时候，臣民们就不再受那种小型的多数人专制的摆布，受难者与压迫者间的距离越小，这种多数人专制就越残忍；多数人专制比一人专制更有害，因为，前者只能由后者来纠正，并且专制的残暴程度并非与它的实力成正比，而是同它遇到的阻力成正比。

公民们通过这种方式获得自己人身与财产的安全。这种方式是正当的，因为它是人们结成社会的目的；这种方式是有用的，因为它能使人们准确地计算每一恶行所带来的弊端。通过这种方式，人们也将获得一种独立的精神，然而，它已不表现为摆脱法律和无视最高司法官员。不过，如果有人胆敢把屈服于他的专断强横的软弱称为美德的话，那么，这种独立精神对他倒是桀骜不驯的。

有些人把他们遭受的来自上级的横暴转嫁于下级，并把这种手段变成了一种权利，上述原则将使他们感到扫兴。如果说暴政的精神与读书精神能够结合在一起的话，那我真会不寒而栗！

21 # 五、法律的含混性

如果说对法律进行解释是一个弊端的话，显然，使人不得不进行解释的法律含混性本身是另一个弊端。尤其糟糕的是：法律是用一种人民所不了解的语言写成的，这就使人民处于对少数法律解释者的依赖地位，而无从掌握自己的自由，或处置自己的命运。这种语言把一部庄重的公共典籍简直变成了一本家用私书。

了解和掌握神圣法典的人越多，犯罪就越少。因为，对刑罚的无知和刑罚的捉摸不定，无疑会帮助欲望强词夺理。考虑到这在大部分文明开化的欧洲地区已成了根深蒂固的习惯，我们应当由此联想到什么呢？

联想到的一点是：一个社会如果没有成文的东西，就绝不会具有稳定的管理形式。在稳定的管理形式中，力量来自于整体，而不是局部的社会；法律只依据普遍意志才能修改，也不会蜕变成私人利益的杂烩。经验和理性告诉我们：人类传统的可靠性和确定性随着逐渐远离其起源而削弱。如果不建立一座社会契约的坚固石碑，法律怎么能抵抗得住时间和欲望的必然侵袭呢？

22 我们由此看到，印刷术是何等地重要，它使公众而不是少数人成为神圣法律的保管者；它驱散了阴谋和欺骗的冥冥幽灵，这种幽灵的追随者表面上鄙视文明和科学，但实际上却为之胆战心惊。因此，我们发现：在欧洲，犯罪的残忍程度已经降低，我们那些时而成为暴君、时而又变成奴隶的祖先，曾被这种残忍性折磨得凄苦不堪。

了解二三百年前的历史和现时代历史的人都能看到，奢侈和柔弱如何哺育了最温和的美德：人道、慈善以及对人类错误的容忍心。他还会看到，那些被曲解为"古朴"和"信义"的东西造成了怎样的结局：难以容忍的迷信压迫着人道；少数人的吝啬和野心用人类的鲜血涂饰着金匣子和王位；隐蔽的背叛和公开的残杀；每一个贵族都成了平民的暴君；布道福音真理的牧师每天都用沾满鲜血的双手抚摸慈善的上帝。而这一切却并不是目前文明世纪的产物，尽管有人称它为堕落的世纪。

23

六、关于逮捕

就社会自身的安全来说，同样违背其宗旨的一个错误是：允许执行法律的官员任意监禁公民，允许他根据微不足道的借口剥夺某个私敌的自由，或者无视最明显的犯罪嫌疑，使他的朋友不受处罚。

监禁是一种特殊的刑罚，它需要在宣布犯罪之前执行。但是，这一明显特点并不使它失去另一基本点，即只有法律才能确定一个人在什么情况下应受刑罚。因而，法律应指出：应根据哪些嫌疑而羁押被告人①，强制他接受审查和刑罚。公开的传闻、逃跑、法庭外的供认、同伙的供述、对侵害目标的威胁和长期仇视、犯罪的物证等类似犯罪迹象，都足以成为逮捕某个公民的证据。但是，这些证据应该由法律来确定，而不是由法官来确定。当法官的决定不是对公共法典中基本准则的具体表述时，就是侵犯政治自由。

随着刑罚变得宽和，随着从监所中消除了凄苦和饥饿，随着怜悯和人道吹进牢门并支配那些铁石心肠的执法吏，法律将心安理得地根据较弱的嫌疑决定逮捕。

---

① 贝卡里亚在此使用的“reo”，这个词有“罪犯”和“被告人”的含义，在本书中贝卡里亚使用的频率颇高，且不做特别区分。译者只能根据上下文的含义，分别作出不同的翻译。——译者注

一个被控犯了罪的人，经监禁而无罪获释后，不应背上什么耻辱的名声。多少被指控犯有极严重罪行的罗马人，在被证明无罪之后，受到人民的尊重，并登上了光荣的职位！但是，在我们这个 24
时代，为什么一个无辜者的结局竟如此不同呢？因为在一些人的眼里，目前刑事制度中的强力和权威的观念似乎比公正的观念更重要。因为受控告者和已决犯被不加区别地关在同一个秘密监狱里；因为监狱与其说是对被告人的看守所，不如说是一个刑场；因为对内维护法律的力量与对外保卫王权和国家的力量，本应相互统一，却相互分离了。前者本应依靠法律的共同支持与判断力结合起来，而不是依靠那种直接的权威。一支威武雄壮的军队所赢得的荣耀本可以消除耻辱感，同其他民间感情一样，与耻辱感联系较紧的是逮捕的方式而不是该事物本身。事实上人们公认：军事监禁并不像法庭监禁那样声名狼藉。一个多世纪以来，在民众、习俗和法律中仍保留着有辱国家现代文明的东西，仍保留着我们北方狩猎祖先的一些野蛮的痕迹和粗暴的观念。

25
七、犯罪嫌疑和审判形式

在计算一件事的确实程度，例如，衡量犯罪嫌疑的可靠性时，用得上这样一个一般公式：如果某一事件的各个证据是互相依赖的，即各种嫌疑只能互相证明，那么，援引的证据越多，该事件的或然性就越小。因为，可能使先头证据出现缺陷的偶然情况，会使后头证据也出现缺陷。如果某一事件的各个证据都同样依赖于某一证据，那么，事件的或然性并不因为证据的多少而增加或减少，因为所有证据的价值都取决于它们所唯一依赖的那个证据的价值。如果某一事件的各个证据是相互独立的，即各个嫌疑被单个地证实，那么，援引的证据越多，该事件的或然性就越大。因为，一个证据的错误并不影响其他证据。

我在犯罪问题上讲或然性，而为了足以科处刑罚，犯罪则应当是肯定的。不过，如果人们注意到：伦理的肯定性，严格说，只不过是一种被称为肯定性的或然性，因为每个具有良知的人都必然接受一种行事所需不期而然的习惯，那么对他们来说，我的观点将不是什么奇谈怪论。证实某人是否犯罪所要求的肯定性，是一种对于每个人生命攸关的肯定性。

证实犯罪的证据，可以分为完全的和不完全的。那些排除了无罪可能性的证据，我称之为完全的。这种证据，只要有一个，就足以定罪。不能排除无罪可能性的证据，则是不完全证据。这种

证据要变成完全的,需要有足够的数量。也就是说,从单个证据来 26
看,无罪是可能的,而把这些证据连贯起来看,无罪则是不可能的。注意:在这里,被告人可以借以辩解(虽然他不一定这样做)的不完全证据,已转变为完全的了。

但就证据在道德上的肯定性来说,感觉它比明确地加以界定要容易一些。因此,我认为:优秀的法律应当为主要法官配置一些随机产生的而不是选举产生的陪审官,因为,在这种情况下,根据感情作出判断的无知,较之根据见解作出判断的学识要更可靠一些。在法律明了和确切的地方,法官的责任只是审定事实。如果说寻找证据需要精明干练,作出结论必须明白准确的话,那么,在根据结论作出裁判时,只要求朴实的良知;而一个总是期望发现罪犯同时又落入学识所形成的人为窠臼的法官,他的知识却比较容易导致谬误。生活在一个法律不是一门学识的国家该多么幸福啊!

每个人都应由同他地位同等的人来裁判,这是最有益的法律。因为,在那些关系公民自由和幸福的地方,不应该让煽动不平等的那些感情作怪。走运者看待不幸者的优越感,下等人看待上等人的嫉恨心,都不能从事这种裁判。然而,当犯罪侵害的是第三者时,法官就应该一半是与被告人地位同等的人,一半是与受害者地位同等的人,这样,那些改变包括无意中改变事物面目的各个私人的利益得以平衡,这时候,发言的便只是法律和真相。

被告人可以在一定程度上排除他所信不过的人,这也是符合公正原则的。允许被告人在一定时间内不遇到对头,就像是他自己在给自己定罪。

审判应当公开，犯罪的证据应当公开，以便使或许是社会唯一
27 制约手段的舆论能够约束强力和欲望；这样，人民就会说：我们不
是奴隶，我们受到保护。这种感情唤起勇气，而且对于懂得自己真
正利益所在的君主来说，这相当于一种贡品。

我将不再谈论类似制度所要求的其他细枝末节，如果必须和盘托出的话，我可能什么也说不出来。

八、证人 29

恰如其分地确定证人和犯罪证据的可信程度，这是一切优秀立法的显著特点。

一切有理智的人，也就是说，自己的思想具有一定的连贯性，其感觉同其他人相一致的人，都可以作为证人。衡量这种人可信程度的真正尺度，仅仅在于说真话或不说真话同他的利害关系；由此看来，妇女的软弱成了不足道的因素；在说谎不会给人带来任何利益的情况下，对已决犯适用具有实际死亡效果的民事死亡[①]就显得幼稚，给失信者打上耻辱[②]的印记，也不切合实际。

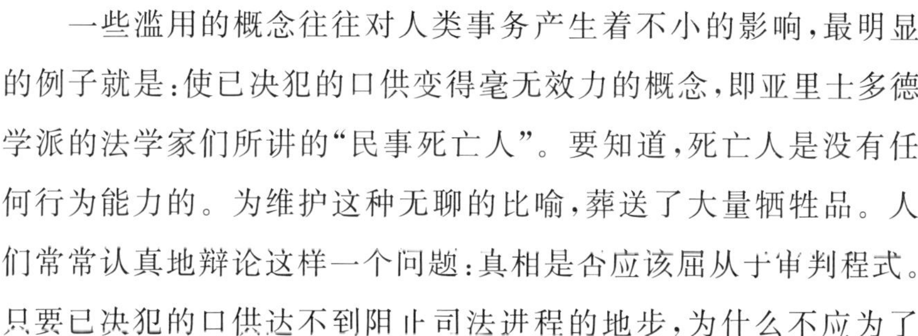

一些滥用的概念往往对人类事务产生着不小的影响，最明显的例子就是：使已决犯的口供变得毫无效力的概念，即亚里士多德学派的法学家们所讲的“民事死亡人”。要知道，死亡人是没有任何行为能力的。为维护这种无聊的比喻，葬送了大量牺牲品。人们常常认真地辩论这样一个问题：真相是否应该屈从于审判程式。只要已决犯的口供达不到阻止司法进程的地步，为什么不应为了

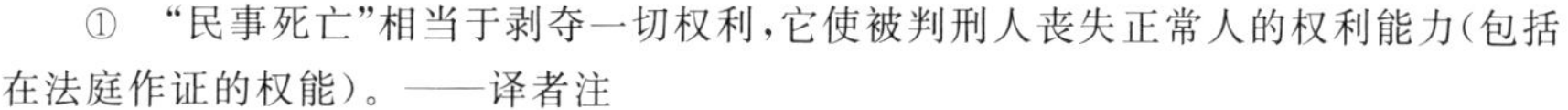

① “民事死亡”相当于剥夺一切权利，它使被判刑人丧失正常人的权利能力(包括在法庭作证的权能)。——译者注

② 耻辱刑是罗马法中一种特有的刑罚，它意味着被判刑人丧失了名誉，并且无权担任公共职务。在国内一些罗马法论著中，它也被译为“丧廉耻”或“不名誉”。——译者注

解脱因冤屈而蒙受的苦难并为了真相的利益提供适当的机会，即使在定罪以后也让犯人拿出一些足以改变事件本质的新东西，来为自己或他人辩解，以重新获得审判呢？

在司法审判中，手续和仪式是必需的。这是因为它们可以使司法者无从随意行事；因为这样可以昭示人民：审判不是纷乱和徇私的，而是稳定和规则的；因为这样可以比推理更有效地作用于那
30 些墨守成规者的感觉。手续和仪式要想不成为灾难，法律就绝不能把它规定得有损于揭示真相。真相有时过于简单，有时又过于复杂，所以需要某些外在的形式，使无知的人民能够接受它。

证人的可信程度应该随着他与被告人间存在的仇恨、友谊和其他密切关系而降低。

一个以上的证人是必需的，因为，如果一个人肯定，另一个人否定，就什么也确定不了，在这种情况下，谁都有权被认为是无辜的。

犯罪越是残酷，[①]或者情节越是难以置信，证人的可信程度就越是明显地降低。巫术和平白无故的暴行就属于此类。在对

① 在某些犯罪学家看来，犯罪越是残暴，证人的可信程度就越高。由这种最残暴的呆痴所发明的公理是：“In atrocissimis leviores coniecturae sufficiunt, et licet judici jura transgredi.”把它翻译成俗话，欧洲人将看到那些缺乏理性的并被他们所盲目遵从的无数公理之一：“对于极为残暴的犯罪（即不大可能的犯罪）来说，稍稍地推想一下就行了，法官越权也是正当的。”这种立法上的荒谬实践，往往产生于人类矛盾的主要源泉——恐惧。那些立法者（偶然的机遇授权这些法学家来决定一切，使他们从利欲熏心的刀笔吏变为人类命运的裁判者和立法者）由于担心某些无辜者受冤枉而把过多的手续和例外加进法学之中，严守这些手续和例外将使犯罪不受处罚的无政府主义登上执掌正义之位；由于害怕一些残暴和难以证实的犯罪，他们又认为有必要逾越自己制定的规程。就这样，他们时而表现出专制的蛮横鲁莽，时而又表现出女人的优柔寡断，从而把严肃的审判变成了一场充斥着荒诞和欺骗的儿戏。——作者原注

前一种行为的控告中，很可能有不少人说谎，因为魔术容易在他们 31
当中造成无知的幻觉，或者引起对下述事实的仇恨：这个人所行使的竟是一种上帝并未赋予受造物，或者已从受造物手中剥夺了的威力。对后一种行为的证人，也同样应取慎重态度，因为一个人的残暴程度仅仅取决于他本身的利益、仇恨和恐惧。人的感情总是同他的感官所接受的感受协调一致的，而恰恰不存在任何多余的感情。

同样，当证人是某一私人团体的成员，而这一团体的习惯和准则并不为公共社会所理解，或者与社会相忤逆时，这个证人的可信程度可能成倍降低。这种人不仅包含本人的欲望，也包含别人的欲望。

最后，当有些证人把别人讲的话指为犯罪时，证人的可信程度几乎等于零。因为人们用同样的话语可以表达不同的思想，而语调、动作和思想活动前后出现的一切，足以歪曲和改变一个人所讲的东西，以致使它几乎不可能再被确切地复述。况且，暴力行为和超越常规的行为，如果属于这类真正的犯罪，往往在大量的情节和后果上留下自己的痕迹；引证的客观情节越多，被告人为自己辩护的途径也就越多。但是，话语只能留在听者的记忆中，而这种记忆常常是最靠不住的和受到迷惑的。因此，就一个人的言语进行诬陷，比就其行为进行诬陷要容易得多。

33 九、秘密控告

秘密控告[①]显然是不正常的现象，却为当局所认可；在很多国家里，由于制度的软弱，它成了必不可少的东西。

这种风俗把人变得虚伪和诡秘，人们一旦怀疑别人是告密者，就视之为敌人。这样，人们往往掩饰自己的感情，由于他们习惯于对别人隐藏这种感情，以致发展到对自己也同样隐藏这种感情。他们没有明确而稳定的准则作指导，迷失在见解的烟海之中；他们竭力躲避威胁着自己的恶人，在对前途的忡忡忧虑中熬过眼前的时光；他们享受不到持久的恬适和安全，那刚刚降临到他们悲惨生活中的少许欢乐立即被囫囵地消受掉，能活在世间，就是他们的唯一安慰。人到了这种地步，该多么不幸啊！

难道我们能把这种人当作保卫祖国和君权的无畏战士吗？难道我们能从这些人当中找出廉正的司法官员吗？只有以自由和爱国的雄辩来维护和发展君主真正利益的司法官员，才能把人类各阶层的爱戴和颂扬同贡赋一起带给君主，并转达君主赐予百姓们的和平、安全以及改善命运的积极希望（这是可贵的活力，是国家的生命）。

---

① 在当时的威尼斯共和国曾实行秘密控告和私下举报的制度。在《论犯罪与刑罚》的第一版中，“秘密控告”一语后还有“在某些意大利城市中那些诬陷的嘴巴”一语，但据说，这后一句话在贝卡里亚的手稿中是划掉的。——译者注

当诬陷被暴政的最坚硬的盾牌——秘密武装起来时，谁又能保护自己不受诬陷呢？当统治者把自己的臣民都怀疑为敌人，并且为了社会的安宁而不得不剥夺他们每个人的安宁时，这样的统治将会命运如何呢？

秘密控告和秘密刑罚根据什么理由来为自己辩解呢？据说， 34
是为了公共福利、安全和维护现存管理体制。但是，多么奇怪，这种拥有权力和舆论（这是比权力更为有效的东西）的制度竟然害怕每个公民！是为了照顾密告者吗？看来法律并不足以保护他们，而且还会有比君主更强大的臣民！是为了避免密告者声名狼藉吗？难道因此就让秘密诬陷得到认可，让公开控告受到惩罚？是根据犯罪的本性吗？如果被称为犯罪的是一些无足轻重的，甚至有益于公众的行为，那么，控告和审判就从来不是保密的。怎么可能有这样的犯罪：它们是对公众的侵犯，而同时大家却不关心使该鉴戒公开，即审判公开呢？

我尊重每一个政府，而且我的话并不针对任何特定的政府。有时事情实际上就是这样：当某一种弊端同一个国家的制度密切联系时，可以想象，清除这种弊端将意味着毁灭这种制度。然而，要是我在世界的某个遥远的角落发布新法律的话，在认可类似秘密控告这样的习俗之前，我的手将会颤抖，眼前会浮现出我们的后代。

孟德斯鸠先生曾经说过：公开控告是比较适合于共和国的，在那里，公共福利将成为公民的第一愿望。而在君主制国家中，由于政府的本性，这种感情就极为薄弱，在那里，最好设置一些专员，以公共的名义，向触犯法律者提起控告。但是，每个政府，不论是共和国政府还是君主制政府，都应对诬陷者处以反坐的刑罚。

35 十、提示性讯问 口供

我们的法律禁止在诉讼中进行提示性讯问。所谓提示性讯问，在学者们看来，其含义就是：当应该就犯罪情形进行泛指的讯问时，进行特指的讯问，也就是说，讯问直接针对犯罪，提示罪犯作出直接的回答。

在犯罪学家看来，讯问应该是盘旋式地围绕事件，而不是直接地就事件交锋。采取这种方式，或许是为了不提示被告人作出使他直接面临控告的回答；或许是因为犯人不经周折就认罪，似乎违背了他的本性。然而，不管理由怎样，那些既保持这一习惯又许可刑讯的法律都具有明显的矛盾：难道还有什么样的讯问能比施加痛苦的刑讯更富有提示性吗？刚才提到的第一个理由在刑讯中出现，因为痛苦将提示强壮者坚持沉默，以便使较重的刑罚换为较轻的刑罚；并提示软弱者作出交待，以便从比未来痛苦更具有效力的现时折磨中解脱出来。第二个理由显然也同样出现，因为，如果说特指讯问使罪犯作出违反自然法则的交待，那么痛苦就更容易造成这种情况。但是，人们往往拘泥于事物名称上的差异，却忽视其本身的异同。

那些在审查中顽固地拒不回答提问的人应被处以法律所确定
36 的刑罚，而且是一种最严厉的刑罚，以使人们不能就这样摆脱了他们应承担的为公众树立鉴戒的责任。当被告人毫无疑义地犯有某一罪行，以致不需要对他进行讯问时，也就是说，当其他证据肯定被告人犯有罪行，以致他供认与否变得无足轻重时，上述刑罚也就不需要了。这后一种情况是最常见的，因为经验表明：在大多数诉讼中，被告人都是持否认态度的。

37

十一、宣誓

当一个犯人能够从说谎中得到极大好处的时候，为了使他诚实可信，要求他进行宣誓[①]，由此，产生了人的自然感情同法律之间的一种矛盾。这就好像一个人会通过宣誓而把促使自身毁灭的行为变成义务；好像宗教能够干涉大多数人考虑自己的利害得失。

所有世纪的历史表明，人们最常滥用的就是上天这一珍贵的恩赐。如果说所谓贤明者也经常亵渎它的话，那么罪犯又凭什么要去遵从它呢？一般来说，在抵御恐惧的袭扰和生活的诱惑的斗争中，宗教的力量太软弱了，因为它们太脱离人们的感官了。

处理上天事务的法律与处理人类事务的法律是迥然不同的，为什么这些事务要相互干扰呢？为什么要让人陷入或者失去上帝或者自趋毁灭这样一种可怕的矛盾之中呢？要求进行这种宣誓的法律，迫使人们或者做一个坏基督徒，或者成为一个殉道者。这种宣誓逐渐演变为一种简单的手续，就这样，它把宗教感情的力量（对大多数人来说，它是诚实的唯一担保物）给摧毁了。

经验告诉我们：宣誓从来没有能使任何罪犯讲出真相，对此，每一个法官都可以为我作证。理性宣布：一切违背人的自然感情

① 根据当时的诉讼制度，被告人在回答讯问之前必须宣誓，并且要求被告人在以宣誓称控告虚假与自我认罪之间进行抉择。——译者注

的法律都是无益的，最终也是有害的。经验和理性都表明：这种宣誓是何等地徒劳无用。

一切违背人的自然感情的法律的命运，就同一座直接横断河 38
流的堤坝一样，或者被立即冲垮和淹没，或者被自己造成的旋涡所侵蚀，并逐渐地溃陷。

39

十二、刑讯

为了迫使被告人交待罪行，为了对付陷于矛盾的被告人，为了使被告人揭发同伙，为了洗涤耻辱——我也不知道这有多么玄虚和费解，或者为了探问不在控告之列的另外一些可疑的罪行，而在诉讼中对被告人进行刑讯，由于为多数国家所采用，已经成为一种合法的暴行。

在法官判决之前，一个人是不能被称为罪犯的。只要还不能断定他已经侵犯了给予他公共保护的契约，社会就不能取消对他的公共保护。

除了强权以外，还有什么样的权利能使法官在罪与非罪尚有疑问时对公民科处刑罚呢？这里并未出现什么新难题，犯罪或者是肯定的，或者是不肯定的。如果犯罪是肯定的，对他只能适用法律所规定的刑罚，而没有必要折磨他，因为他交待与否已经无所谓了。如果犯罪是不肯定的，就不应折磨一个无辜者，因为，在法律看来，他的罪行并没有得到证实。

什么是刑罚的政治目的呢？是对其他人的威慑。但是我们应该如何评断这一暴虐的习惯对犯人和无辜者所施加的、秘密和私下的迫害呢？重要的是不要让任何暴露的犯罪逍遥法外，而没必要去揭露谁犯有湮没无闻的罪行。当恶果已成为无可挽回的事实
40 之后，只是为了不使他人产生犯罪不受惩罚的幻想，才能由政治社

会对之科处刑罚。如果说出于畏惧或道德而遵守法律的人的确比触犯它的人多的话,那么折磨无辜者的可能性就应该被更充分地估计到,因为,在同样的条件下,一个人尊重法律的可能性也大于蔑视法律的可能性。

但是,我还要说:要求一个人既是控告者,同时又是被控告者,这就是想混淆一切关系;想让痛苦成为真相的熔炼炉,似乎不幸者的筋骨和皮肉中蕴藏着检验真相的尺度。那些安排了刑讯的法律告诉人们:"你们忍受住痛苦吧!如果说自然在你们身上创造了一种不可泯灭的自爱精神,并赋予你们一种不可转让的自卫权利的话,那么,我为你们创造的则是一种恰恰相反的东西,即勇敢地痛恨自己。我命令你们指控自己,即使骨位脱臼,也要讲实话。"

在野蛮的古老法制中,烈火和沸水的考验以及其他一些捉摸不定的械斗[①]曾被称作神明裁判,似乎上帝手中永恒链条的环节在任何时候都会被人类轻率的手段所瓦解和脱节。而那个名声不佳的真相熔炼炉,正是今天仍保留的古老法制的纪念碑。刑讯和烈火与沸水的考验之间所存在的唯一差别就在于:前者的结局似乎依赖于被告人的意志,而后者的结局则依赖于纯粹体格和外在的事实。但是,这种差别只是表面上的,而不是实际上的。在痉挛和痛苦中讲真话并不那么自由,就像从前不依靠作弊而避免烈火与沸水的结局并不那么容易一样。我们意志的一切活动永远是同作为意志源泉的感受印象的强度相对称的,而且每个人的感受力都是有限的。因而,痛苦的影响可以增加到这种地步:它占据了人

① 例如当时的"司法决斗",被告人的命运取决于决斗结局的胜负。——译者注

的整个感觉，给受折磨者留下的唯一自由只是选择眼前摆脱惩罚
41 最短的捷径，这时候，被告人的这种回答是必然的，就像在火与水的考验中所出现的情况一样。有感性的无辜者以为认了罪就可以不再受折磨，因而称自己为罪犯。罪犯与无辜者间的任何差别，都被意图查明差别的同一方式所消灭了。

这种方法能保证使强壮的罪犯获得释放，并使软弱的无辜者被定罪处罚。这就是那臆想的真相尺度造成的致命弊端，而只有食人者才需要这种尺度，罗马人(他们也比名义上要野蛮)曾只对少数奴隶——即一种备受赞扬的残忍道德的牺牲品——使用这种尺度。两个同样的无辜者或罪犯，强壮勇敢的将获得释放，软弱怯懦的将被定罪处罚。其根据就是这样一种明确的推理：“我，法官，责任是找出这一犯罪的罪犯。你，强壮者，能抵御住痛苦，我释放你。你，软弱者，屈服了，我就给你定罪。据说屈打成招的东西靠不住，如果你们不再证实过去的交待，我将重新折磨你们。”

每一个人的体质和感受力各不相同，刑讯的结局正体现着对个人体质和感受力状况的衡量和计算。因此，一位数学家大概会比一位法官把这个问题解决得更好：他根据一个无辜者筋骨的承受力和皮肉的敏感度，计算出会使他认罪的痛苦量。

审查被告人就是为了了解真相。真相有时会从大部分人的面目表情中不期而然地流露出来，然而，如果说从一个平静人的语气、姿态和神色中很难察觉出真相的话，那么，一旦痛苦的痉挛改变了他的整个面目表情，真相就更难流露出来了。任何强暴的行为都混淆和抹杀了真假之间微小的客观差别。

42 刑讯必然造成这样一种奇怪的后果：无辜者处于比罪犯更坏

的境地。尽管二者都受到折磨，前者却是进退维谷：他或者承认犯罪，接受惩罚，或者在屈受刑讯后被宣布无罪。但罪犯的情况则对自己有利，当他强忍痛苦而最终被无罪释放时，他就把较重的刑罚改变成较轻的刑罚。所以，无辜者只有倒霉，罪犯则能占便宜。

这一真理终于被那些对它采取回避态度的人所察觉，尽管是模模糊糊地察觉。在刑讯过程中作出的交待，只有经中止刑讯后的宣誓加以肯定才生效。然而，如果被告人不加以肯定，就还要再受折磨，有些学者和国家只允许这种声名狼藉的预期理由[①]最多适用三次[②]，另一些国家和学者则把它留给法官去裁夺。

无辜者被屈打成招为罪犯，这种事真是不胜枚举，用不着我多费笔墨。没有哪一个国家和时代不存在这种事例。但是，人们对此既无动于衷，又不汲取教训。没有一个人会使自己的思想超越生活的需要，甚至不理睬本性用秘密而微弱的声音向他发出的呼唤。刑讯的习惯是对人思想的暴虐，使他畏惧，使他退缩。

采用刑讯的第二个理由是，对付那些在审查中陷于矛盾的可疑犯。但是，对刑罚的恐惧，对审判的惶惑、法庭的阵势、法官的威严，以及几乎人所共有的无辜感，难道就不能使那些胆怯的无辜者和竭力自保的罪犯陷于矛盾吗？当人的心绪完全忙乱于避免迫近的危险时，那种连冷静者也会产生的矛盾难道就不会更加突出吗？

采用刑讯的第三个理由是，考察某个罪犯是否还犯有控告以 43

① “预期理由”(petizione di principio)，一种强词夺理的推论，这种逻辑错误地用未经证明的论据去论证论题的真实性。——译者注

② 例如，中国《唐律疏议》卷29“断狱”中规定：“诸拷囚不得过三度。”——译者注

外的其他罪行。这等于是说:“你是某一罪行的犯人,那么,你也有可能是其他各种罪行的犯人,这使我深感怀疑,我要用我的真相标准核实一下。法律折磨你,因为你是罪犯;因为你可能是罪犯;因为我想你是罪犯。”

为了使其揭发同伙,对被告人也实行刑讯。但是,揭露同伙也属于应该查清的真相之一。如果说,刑讯的确不是揭示真相的正确方式,那么,它怎么会有助于揭露同伙呢?这不也是一种需要揭示的真相吗?一个指控自己的人难道不是更容易指控他人吗?为了其他人的罪行而折磨人,难道是公正的吗?难道通过考察证人和犯人,通过各种证据和物证,总之,通过一切可以有助于查清被告人罪行的途径,还揭露不出被告人的同伙吗?

当某一罪犯落网以后,一般来说,他的同伙就立即躲避起来了,他们存亡未卜的命运就给自己判处了流放刑,并使国家摆脱了再受侵害的危险。与此同时,对被抓获者的刑罚达到了它的唯一目的,即以威慑来防止他人再犯类似罪行。

采用刑讯的另一个可笑理由是:洗涤耻辱,也就是说,被法律认为可耻的人,应该用骨位脱臼来证实他的口供。在18世纪,这种滥用是不能被容忍的。有人认为:作为一种感觉的痛苦可以洗刷纯粹作为一种道德关系的耻辱。难道痛苦是一个熔炼炉吗?难道耻辱是一种肮脏的混杂物吗?耻辱这种感情,既不受法律的支配,又不受理性的支配,而是受公共舆论的支配。实际上,刑讯本
44 身就给遭受刑讯者带来了一种耻辱。因而,这种方式是在用耻辱洗涤耻辱。

追溯这种可笑的法律的根源并不困难。这些被一个国家所采

纳的荒谬东西，往往同另一些在该国家受到尊重的共同观念具有某些联系。看来，这种习惯的根源就是几百年来深深地影响着人们思想和行为并影响着民族和时代的、宗教的和精神的观念。一条不可动摇的教义向我们断言：人类的怯弱所招致的污点不配领教上帝的永恒怒火，而应当由一种莫名其妙的火来清除。耻辱就是一种世俗的污点，既然痛苦和火可以消除无形的精神污点，为什么刑讯中的痉挛就不能消除作为耻辱的世俗污点呢？

一些法庭把被告人的坦白作为定罪的主要依据，我认为这也是受着同样的影响，因为，在那些神秘的忏悔法庭上，圣事的主要部分就是听取罪人们的忏悔。人们就这样滥用着神明启迪的最可靠的灯火；由于它们是蒙昧时代中唯一有效的东西，因而，温善的人道就到处使用它们，并用它们去做最荒诞离奇的事情。

这些真理已经为罗马立法者所认识，他们仅仅对少数完全被剥夺了人格的奴隶才采用刑讯。这些真理也已为英国所接受[①]，在那里，文字的光荣，贸易和财富——也就是实力——的崇高地位，美德和勇敢的典范，使我们完全相信他们法律的优良。在瑞士，刑讯已经被废除[②]，被欧洲的一位最贤明的君主[③]所废除。这位热爱臣民的立法者，把哲学带上了王位，使臣民们自由和平等地依靠法律，这是理智者在目前的事物组合中唯一可以求得的平等

① 1215 年签署的《大宪章》禁止使用刑讯。——译者注

② 瑞士于 1734 年宣布对普通犯罪废除刑讯。但对某些“政治犯罪”，仍保留一些残酷的刑讯手段。——译者注

③ 弗里德里希二世(Federico Ⅱ di Prussia，1712—1786)，史称腓特烈大帝。他一登上王位，即宣布废除刑讯。——译者注

和自由。

45 军队大部分是由下流社会的成员组成的，因此，它们好像更需要采用刑讯，然而，这些军队的法律却不认为刑讯是必不可少的。有些人并不把刑讯看成是多么重大的暴政，在他们看来，和平的法律应当向那些对屠杀和流血已麻木不仁的心灵学习最人道的审判方式，真是咄咄怪事。

十三、程序和时效 47

对犯罪进行查证并对其确定性作出计算之后，需要为被告人提供一定的时间和适当的方式为自己辩护。但是我们知道，刑罚的及时性是制止犯罪的重要手段之一，为了不影响刑罚的及时性，给被告人的辩护时间应是短暂的。曲解了人道主义的人反对限制辩护时间，实际上法制上的任何缺陷都会增加造成冤狱的危险。如果想到这一点，一切疑虑都会消失。

但是，法律应该为被告人的辩护和查证犯罪确定一定的时间范围。如果应当由法官为查证犯罪确定所需的时间，那么，法官就会变成立法者。

对于长期印在人们脑海中的凶残犯罪，只要事实确凿，就没有必要为在逃犯规定任何时效。对于那些较轻的和隐秘的犯罪，则应当通过时效消除公民对自己命运的忧虑，因为，某些犯罪所具有的长期不被发现的隐秘性，并不说明犯罪不受处罚，甚至还为罪犯保留着弃旧图新的权利。

我只能提纲挈领地讲讲，因为只能根据具体的法制和一个社会的具体环境来规定确切的时间。我要补充的只是：如果说一个国家的宽和刑罚已经显示了优越性的话，法律根据犯罪的轻重程度缩短或延长时效时间及查证时间，使自我监禁和自行流放也成为刑罚的一部分，这将有助于用少量容易切分的宽和刑罚处置大量的犯罪。

48 但是,犯罪的可能性同犯罪的凶残性是成反比的,因而,查证的时间和时效的时间并不能完全根据犯罪的凶残性而延长,审查的时间应该缩短,时效的时间则应该延长。这里似乎出现了一种同我上面观点相违背的矛盾:既然判决前的监禁或时效是一种刑罚,那么不同的犯罪就可能受到相同的惩罚。

为了向读者解释我的观点,我把犯罪分为两类:第一类包括杀人罪等一切罪大恶极的凶残犯罪;第二类就是那些较轻的犯罪。这种区分的根据就是人类的本性。财产安全是一种社会权利,往往有较多的动力促使人们为了满足贪求幸福的天然本性,侵犯他们在社会规约中而不是心灵中发现的权利。与此相比,促使人们超越内心的自然怜悯感的动力则大大减少。这两种相差悬殊的犯罪可能性决定了不同的制约原则。对于罕见的凶残犯罪,应该根据被告人无辜可能性的增长,缩短审查的时间,然而时效的时间则应该延长。因为,只有有罪或无罪的最终判决才能消除犯罪不受处罚的诱惑,而犯罪越是凶残,这种诱惑的危害性就越大。相反,对于较轻的犯罪,随着被告人无辜可能性的减小,应该增加不予处罚的时间,缩短时效的时间。如果说犯罪的可能性增加多少,不予处罚的危害就降低多少的话,人们就不会同意把犯罪区分为这样两类。请注意:一个没有确定有罪还是无罪的被告人,尽管因证据不足而被释放,然而,只要为其犯罪所规定的时效时间还没有过,一旦又暴露出法律所列举的罪
49 迹,他就可以因原罪行而重新遭受逮捕和审查。我认为,这种折中起码可以既保障臣民的安全,又保障他们的自由,因为这二者

特别容易以牺牲一方来保护另一方，以致这两项每个公民所平等拥有的、不可转让的财富，既避免不了公开或隐蔽的专制主义的侵害，又摆脱不了混乱的群众无政府主义的劫数。

有这样一些犯罪：它们在社会上既是常见的，同时又是难以证实的，举证的困难性带来了无辜的可能性。这些犯罪的常发性并不取决于不予处罚的危险，而取决于另外的原则，因而，不予处罚的危害也就不那么重要了。对于这些犯罪，审查和时效的时间都应同样缩短。然而，根据流行的成规，对于通奸、同性恋（la greca libidine）这样一些难以证实的犯罪，是允许进行专断的推定的，允许采纳所谓准证据、半个证据，好像一个人可以是半个罪犯，或半个无辜者，也就是说一半可受罚，一半可开释。在这些地方，对于被告人，对于证人，以至对于不幸者的全家所进行的刑讯，行使着它残暴的王权，这就是那些冷酷偏激的学者教给法官们的法律和规章。

鉴于这样一些原则，有些人会感到惊奇：为什么那些凶残的、隐蔽的或者虚幻的犯罪，即不可能性比较大的犯罪，竟能由臆断和一些最不确实、最模棱两可的证据来证实呢？难道法律和法官所唯一关心的只是证实犯罪，而不是查寻真相吗？难道当无罪的可能性超过有罪的可能性时，不是更容易冤枉一个无辜者吗？对此表示惊奇的人恰恰没有考虑到：这些国家的立法者几乎从来不是理性的。

对于大部分人来说，都缺乏实行重大犯罪所必需的气魄，就像缺乏表现伟大美德所必需的气魄一样。有些国家往往依靠政府的

活动和与公共福利相结合的私欲来维持自己的统治，而不去依靠
自己的群众，或依靠法律稳定性的恩惠。在那里，被削弱的私欲好
50 像更适合于维持而不是改善政府的体制。看来，在这些国家中，重
大的犯罪和伟大的美德将并驾齐驱。由此得出一个重要的结论：
重大的犯罪并不总预示着一个国家的堕落。

十四、犯意　共犯　不予处罚 51

法律不惩罚意向，但这并不是说，当刚开始以某些行动表露出实施犯罪的意向时不值得处以刑罚，即便是一种比实施该犯罪所受的要轻的刑罚。为了制止犯意，需要借助刑罚。但是对犯意的刑罚与对已遂犯罪的刑罚之间可以有一个区别，这样，针对已遂犯罪的较重刑罚就可以促使人们悔罪。

如某一犯罪中有共犯多人，但并不都是犯罪的直接实施者，那么，对他们的刑罚也可以有所区别，然而，道理则不同。当很多人去共同冒险的时候，所冒的危险越大，他们就越希望平均地承担它，因而，也就越难找出一个甘愿比其他同伙冒更大风险的实施者。只有当为那个实施者规定了一份酬劳时，才会出现例外。既然他获得了一份对他较大冒险的报酬，那么对他的刑罚也应当相应增加。这些观点在一些人看来太形而上学了，而他们却没有考虑到一条极为重要的原则：法律应尽少促成犯罪同伙之间可能的团结。

有些法庭对于犯有严重罪行的罪犯，只要他揭发同伙，就不予处罚。这种办法有弊也有利。所谓“弊”，就是国家认可了连罪犯都很憎恶的背叛行为。同勇敢的罪犯相比，卑下的罪犯对一个国家更为有害。因为，勇敢并不是多见的，只要有一种慈善的力量做引导，就能使罪犯为公共福利服务；而怯懦则是比较普遍的、流行 52

的，并总是专门为己的。此外，法庭也暴露出自己的动摇，暴露出法律如此的软弱，以致需要恳求侵犯自己的人提供帮助。

所谓“利”，就是它能预防重大的犯罪。如果这些犯罪造成了重大的影响，而案犯却销声匿迹，那么人民将为之惊恐不安。同时，这还有助于表明：对法律欠忠，即对公众欠忠的人，对私人也可能欠忠。我认为：制定一项普遍的法律容许对任何揭露了同伙的罪犯不予处罚，同在个别情况下作出特别宣告相比较，要更可取一些。这样做会使罪犯互相担心自己被暴露，从而防止他们团结起来。有了这种法律，法庭可以不使那些在个别情况下被要求向法庭提供帮助的恶棍嚣张起来。这种法律应该在规定不受处罚的同时也规定驱逐告密者，但是，当我赞同作为公共信任的碑石和人类道德的基础的神圣法律认可背叛和虚伪时，为消除我所感到的内疚而自我折磨是徒劳的。如果不实行法律所许诺的不予处罚，如果根据那些学究式的强词夺理，不顾公共信义，硬把服从法律要求的人拖上刑场，那么，这会给国家树立什么样的榜样呢！

在一些国家中，这类事例并不少见，因为在那里有不少人把国家仅仅看作一架复杂的机器，最精明、最强大的人以他们的天才为工具来开动它。这些人对陶冶温柔高尚的精神处之漠然，却把人的心灵当作乐器来弹拨，当他们发现某些最珍贵的感情和最强烈的欲望有利于自己的目标时，便用其稳健的精明去激发这些感情和欲望。

十五、刑罚的宽和 53

经过对上述真理的简要探讨，我们看到：刑罚的目的既不是要摧残折磨一个感知者，也不是要消除业已犯下的罪行。

一个并不为所欲为的政治实体平稳地控制着私人欲望，难道它能够容忍无益的酷政为野蛮和狂热、为虚弱的暴君充当工具吗？难道一个不幸者的惨叫可以从不可逆转的时间中赎回已经完成的行为吗？刑罚的目的仅仅在于：阻止罪犯再重新侵害公民，并规诫其他人不要重蹈覆辙。因而，刑罚和实施刑罚的方式应该经过仔细推敲，一旦建立了对称关系，它会给人以一种更有效、更持久、更少摧残犯人躯体的印象。

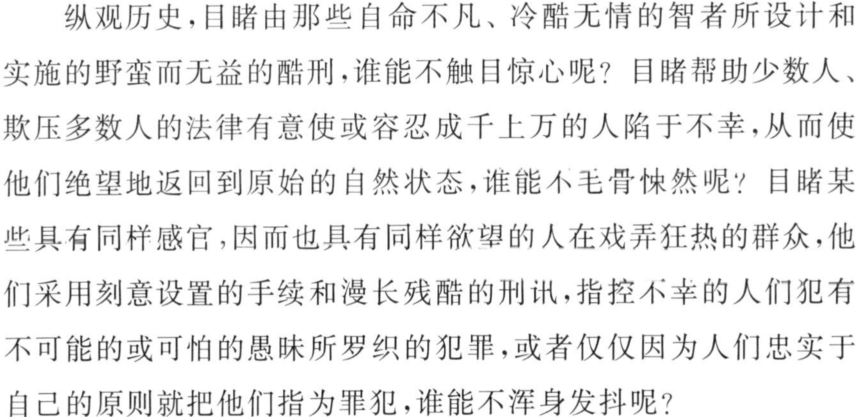

纵观历史，目睹由那些自命不凡、冷酷无情的智者所设计和实施的野蛮而无益的酷刑，谁能不触目惊心呢？目睹帮助少数人、欺压多数人的法律有意使或容忍成千上万的人陷于不幸，从而使他们绝望地返回到原始的自然状态，谁能不毛骨悚然呢？目睹某些具有同样感官，因而也具有同样欲望的人在戏弄狂热的群众，他们采用刻意设置的手续和漫长残酷的刑讯，指控不幸的人们犯有不可能的或可怕的愚昧所罗织的犯罪，或者仅仅因为人们忠实于自己的原则就把他们指为罪犯，谁能不浑身发抖呢？

只要刑罚的恶果大于犯罪所带来的好处，刑罚就可以收到它 54
的效果。这种大于好处的恶果中应该包含的，一是刑罚的坚定性，二是犯罪既得利益的丧失。除此之外的一切都是多余的，因而也就是暴虐的。

人们只根据已领教的恶果的反复作用来节制自己，而不受未知恶果的影响。这里有两个国家，在与犯罪阶梯相对应的刑罚阶梯中，第一个国家的最重刑罚是长期苦役，而第二个国家的最重刑罚则是轮刑[①]。我认为，在这两个国家中，对最重刑罚的畏惧是同等程度的。如果说根据某种理由，后一个国家的最重刑罚被移置于前一个国家，那么，同样的理由也会促使后一个国家制定更残酷的刑罚，从轮刑悄然发展到一些更加挖空心思的酷刑，直到那些残暴者所特别精通的学问取得最新结晶。

人的心灵就像液体一样，总是顺应着它周围的事物，随着刑场变得日益残酷，这些心灵也变得越来越麻木了。生机勃勃的欲望力量使得轮刑在经历了百年残酷之后，其威慑力量只相当于从前的监禁。

严峻的刑罚造成了这样一种局面：罪犯所面临的恶果越大，也就越敢于逃避刑罚。为了摆脱对一次罪行的刑罚，人们会犯下更多的罪行。刑罚最残酷的国家和年代往往就是行为最血腥、最不人道的国家和年代。因为支配立法者双手的残暴精神，恰恰也操纵着杀人者和刺客们的双手。在王位上，这种精神为恭顺奴隶的凶残心灵制定了铁的法律；在阴暗的角落里，它却煽动人们绞杀这些暴君，并以新暴君取而代之。

---

① 轮刑是一种把犯人绑在车轮上，然后再将车轮固定在一根木柱顶上，让犯人在这种被绑缚状态中慢慢死去的酷刑。——译者注

刑罚的残酷性还造成两个同预防犯罪的宗旨相违背的有害结果。第一，不容易使犯罪与刑罚之间保持实质的对称关系。因为，
无论暴政多么殚精竭虑地翻新刑罚的花样，刑罚终究都超越不了 55
人类器官和感觉的限度。一旦达到这个极点，对于更有害和更凶残的犯罪，人们就找不出更重的刑罚以作为相应的预防手段。第二，严酷的刑罚会造成犯罪不受处罚的情况。人们无论是享受好处还是忍受恶果，都超越不了一定的限度。一种对于人性来说是过分凶残的场面，只能是一种暂时的狂暴，绝不会成为稳定的法律体系。如果法律真的很残酷，那么它或者必须改变，或者导致犯罪不受处罚。

总而言之，刑罚的规模应该同本国的状况相适应。在刚刚摆脱野蛮状态的国家里，刑罚给予那些僵硬心灵的印象应该比较强烈和易感。为了打倒一头狂暴地扑向枪弹的狮子，必须使用闪击。但是，随着人的心灵在社会状态中柔化和感觉能力的增长，如果想保持客观与感受之间的稳定关系，就应该降低刑罚的强度。

57 十六、关于死刑

滥施极刑从来没有使人改恶从善。这促使我去研究，在一个组织优良的管理体制中，死刑是否真的有益和公正。

人们可以凭借怎样的权利来杀死自己的同类呢？这当然不是造就君权和法律的那种权利。君权和法律，它们仅仅是每个人一份份少量私人自由的总和，它们代表的是作为个人利益结合体的普遍意志。然而，有谁愿意把对自己的生死予夺大权奉予别人操使呢？每个人在对自由作出最小牺牲时，怎么会把冠于一切财富之首的生命也搭进去呢？如果说这已成为事实的话，它同人无权自杀的原则怎么协调呢？要是他可以把这种权利交给他人或者交给整个社会，他岂不本来就应该有这种权利吗？

因而，死刑并不是一种权利，我已经证明这是不可能的；而是一场国家同一个公民的战争，因为，它认为消灭这个公民是必要的和有益的。然而，如果我要证明死刑既不是必要的也不是有益的，我就首先要为人道打赢官司。

只有根据两个理由，才可以把处死一个公民看作是必要的。第一个理由：某人在被剥夺自由之后仍然有某种联系和某种力量影响着这个国家的安全；或者他的存在可能会在既定的政府体制中引起危险的动乱。再者，当一个国家正在恢复自由的时候，当一
58 个国家的自由已经消失或者陷入无政府状态的时候，这时混乱取

代了法律，因而处死某些公民就变得必要了。如果一个举国拥戴的政府，无论对内还是对外，都拥有力量和比力量更有效的舆论作保护，如果在那里发号施令的只是真正的君主，财富买来的只是享受而不是权势，那么，我看不出这个安宁的法律王国有什么必要去消灭一个公民，除非处死他是预防他人犯罪的根本的和唯一的防范手段。这是死刑据以被视为正义和必要刑罚的第二个理由。

历史上任何最新的酷刑都从未使决心侵犯社会的人们回心转意。莫斯科的伊丽莎白女皇[①]统治的20年，为人民的父母官们树立了杰出的典范，同祖国的儿子们用鲜血换来的无数成果相比，这一典范毫不逊色。如果几百年的历史、这20年的统治和罗马公民的范例[②]都说服不了那些怀疑理性语言、倾服权威语言的人，那么，考察一下人的本性，就足以听到我的主张的真谛。

对人类心灵发生较大影响的，不是刑罚的强烈性，而是刑罚的延续性。因为，最容易和最持久地触动我们感觉的，与其说是一种强烈而暂时的运动，不如说是一些细小而反复的印象。习惯是一种主宰着一切感知物的王权，一个人说话、走路、寻求生活需要，都离不开习惯的帮助；同样，道德观念只有通过持续和反复影响才会印入人的脑海。处死罪犯的场面尽管可怕，但只是暂时的，如果把罪犯变成劳役犯，让他用自己的劳苦来补偿他所侵犯的社会，那

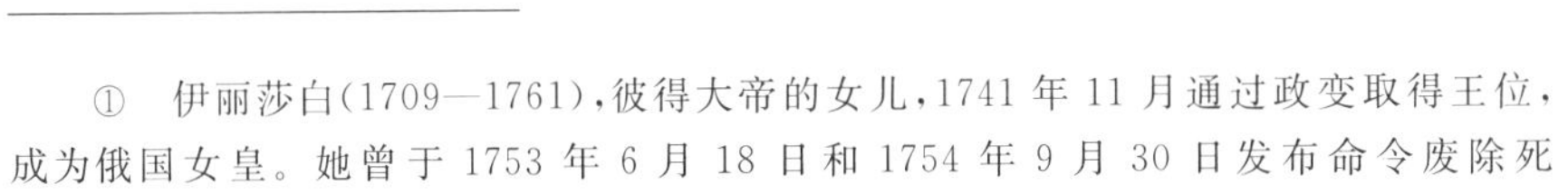

① 伊丽莎白(1709—1761)，彼得大帝的女儿，1741年11月通过政变取得王位，成为俄国女皇。她曾于1753年6月18日和1754年9月30日发布命令废除死刑。——译者注

② 在罗马共和国时期，除指挥军事作战的百人团会议(Comitia Centuriata)有权对违犯军纪者处以死刑外，库里亚会议和部落会议均无权对犯罪公民适用死刑。——译者注

么，这种丧失自由的鉴戒则是长久的和痛苦的，这乃是制止犯罪的最强有力的手段。这种行之有效的约束经常提醒我们：如果我犯了这样的罪恶，也将陷入这漫长的苦难之中。因而，同人们总感到扑朔迷离的死亡观念相比，它更具有力量。

59 欲望促成人健忘，即使对于一些最紧要的事物，这种健忘也是自然而然的，死刑所给予的印象是取代不了它的。一般规律是：狂暴的欲望只能暂时地攫取人心，而不能持续下去，它适合于像波斯人或古代斯巴达人那样去搞革命；然而，在一个自由而安宁的政府领导下，印象与其说应该是强烈的，不如说应该是经常的。

在大部分人眼里，死刑已变成了一场表演，而且，某些人对它怀有一种掺杂着愤愤不平的怜悯感。占据观众思想的主要是这两种感情，而不是法律所希望唤起的那种健康的畏惧感。然而，有节制的和持续的刑罚则使这种畏惧感占据着统治地位，因为这种感情是唯一的。刑场与其说是为罪犯开设的，不如说是为观众开设，当怜悯感开始在观众心中超越了其他情感时，立法者似乎就应当对刑罚的强度作出限制。

一种正确的刑罚，它的强度只要足以阻止人们犯罪就够了。没有哪个人经过权衡之后还会选择那条使自己彻底地、永久地丧失自由的道路，不管犯罪能给他带来多少好处。因而，取代死刑的终身苦役的强度足以改变任何决意的心灵。

另外，很多人以一种安详而坚定的表情对待死刑。其中，一些人是出于狂热，一些人是出于几乎一直伴随他走入坟墓的空虚，另一些人则是出于一种最后的绝望的试图：或者生存下去，或者忍受不幸。但是，在桎梏的束缚中，在棍棒的奴役下，既没有狂热，也没有空虚，绝望也结束不了他所吞食的恶果，而是使他开始尝受这些恶果。

我们的精神往往更能抵御暴力和极端的但短暂的痛苦，却经 60
受不住时间的消磨，忍耐不住缠绵的烦恼，因为，它可以暂时地自我收缩以抗拒暴力和短暂的痛苦。然而，这种强烈的伸缩性却不足以抗拒时间与烦恼的长期和反复的影响。

每次以死刑为国家树立鉴戒都需要一次犯罪，可是，有了终身苦役刑，只一次犯罪就为国家提供无数常存的鉴戒。如果说重要的是经常向人们显示法律的力量的话，死刑的适用就不应是间隔很长的，因而，就要求犯罪经常发生。这样，为了变得有用，死刑就必然要改变本来应该给予人们的那种印象，这就意味着它要想是有用的，就应当同时是无用的。

有人说，终身苦役同死刑一样也是痛苦的，所以，它也同样是残酷的。我认为：如果把苦役的受苦时间加在一起，甚至是有过之而无不及。然而，这些苦难是平均分配于人的整个生活，而死刑却把它的力量集中于一时。苦役这种刑罚有一个好处，它使旁观者比受刑者更感到畏惧，因为，前者考虑的是受苦时间的总和，后者则分心于眼前的不幸而看不到将来。在前者的想象中，刑罚的恶果变得昭彰了；而后者却从他那麻木不仁的心灵中汲取旁观者所无法体验和理解的安慰。

我知道，发展自己的内心情感是一门依靠教育才能学到的艺术。然而，不能因为盗贼不能很好地解释自己的行为原则，就说这些原则不怎么起作用。瞧，很快我们就会看到那些只有绞刑或轮刑才能阻止其犯罪的盗贼和杀人犯所进行的推论了：

“我应该遵守的算是些什么法律呀！它在我和富人之间设置了一道鸿沟。富人对我一毛不拔，反倒找借口让我尝受他所没尝
61 受过的痛苦。这是谁定的法律？是富人和权势者。他们对于穷人阴陋的茅舍从来不屑一顾，他们眼看着儿童们在饥饿中哭号，妇女们在伤心落泪，却连一块发了霉的面包也不肯拿出来。我们要斩断这些给多数人造成灾难并为少数懒惰的暴君服务的绳索！我们要向这不平等的根源开战！我将重新恢复自然的独立状态，我将以自己的勇敢和辛勤来获取一定时间的自由愉快的生活。也许痛苦和忏悔的一天会来临，但那是短暂的，在度过多年自由和享乐的生活之后，我会有那么一个烦恼之日的。作为少数人之王，我将纠正命运的荒谬，将让那些暴君在被他们的奢侈侮辱得还不如他们的马和狗的人面前，面如土色，失魂落魄。”

就这样，一种信念充斥于那些忘乎所以的罪犯的头脑，它教给他去做一种简单的忏悔，并告诉他长时间的幸福是完全可能的。因而，大大减少了他对悲惨结局的恐惧。

但是，一个人如果发现他将在生活于自由之中的本国公民的眼下，在苦役和痛苦之中度过许多岁月甚至是整整一生，成为曾保护过他的法律的奴隶，那么，他将把这种结局同成败未卜的犯罪、同他可能享受到的暂时成果进行有益的比较。那些现在看来是因鼠目寸光而葬送了自己的教训所给予他的印象，比一种酷刑的场面要强烈得多。酷刑的场面给予人们的常常是一副铁石心肠，而不是教人悔过。

用死刑来向人们证明法律的严峻是没有益处的。如果说欲望和战争的要求纵容人类流血的话，那么，法律作为人们行为的约束

者，看来不应该去扩大这种残暴的事例。随着人们用专门的研究和手续使越来越多的处死合法化，这种事例就更加有害了。体现公共意志的法律憎恶并惩罚谋杀行为，而自己却在做这种事情；它
阻止公民去做杀人犯，却安排一个公共的杀人者。我认为这是一 62
种荒谬的现象。

真正的和最有益的法律是怎样的呢？那就是当一向到处声张的私人利益不再喧嚣或者同公共利益结合在一起时，所有人都愿遵守和提倡的契约和条件。每个人对死刑怀有何种感情呢？我们在每个人对刽子手所采取的仇视和鄙夷的态度中看到了这种感情。然而，这位刽子手也是公共意志的无辜执行者，是一位为公共利益服务的善良公民，同那些对外作战的无畏战士一样，他也是对内治安的必要工具。那么，这一矛盾的根源何在呢？为什么人们的这种感情如此强烈，以致压倒了理性呢？因为，人们在心灵的最深处，在那个比其他任何部位都更多地保留着古老自然的原始状态的地方，总认为：自己的生命不受任何用其铁腕统治世界的人的支配，除非出现这种必要性。

聪明的司法官员和严厉的执法牧师泰然自若地用缓慢的仪式把犯人慢慢带向死亡；不幸者在痛苦的抽搐中等待着最后的致命一击；而法官却熟视无睹、漠然置之，或许还暗暗地对自己的权威感到得意，品味着生活的惬意和乐趣。人们看到这种情景会怎么想呢？他们将叹道：“咳，这些法律只不过是施加暴力的借口，煞费苦心、残酷横暴的司法手续只不过是为了更稳妥地把我们当作牺牲品，奉祀给贪得无厌的暴政偶像而订立的协约用语罢了。”

“杀人被说成是一种可怕的滔天大罪，我们却看到有人在心安

理得地实施它。这一事例使我们受益匪浅。过去,我们根据一些
63 描述,把暴力致死看作一种可怕的场面,然而,现在我们却把它看作是一瞬间的事情。对于那些并不等待死亡,因而几乎尝不到死刑痛苦的人来说,这种事情就更不算什么了。”

这些就是那些打算犯罪的人清醒地或者恍惚地作出的危险而有害的推理。正像我们所看到的,对他们更起作用的不是信仰本身,而是信仰的滥用。

如果有人反驳我说:对某些犯罪施用死刑已成为几乎所有世纪和国家的惯例,那么,我将答道:在不受时效约束的真理面前,这种惯例正在消泯。人类历史给我们的印象是:谬误好似无边的烟海,在这之上,漂浮着稀少的、混杂的、彼此远离的真理。用人作牺牲品是几乎所有国家的共同习惯,而谁敢因此而为这个习惯辩解呢?有少数一些社会,仅仅在短暂的时期内摒弃了死刑,这不是对我的观点的否定而是一种支持,因为这正符合伟大真理的命运。同笼罩着人类的漫长黑夜相比,这些真理的出现只不过是一次闪电。幸运的时代目前仍未到来,一旦这一时代来临,真理将像今天的谬误那样为大多数人所掌握。至今只有神明所揭示并将其单独分离出来的那些真理才不受这项普遍规律的支配。

同信守蒙昧习惯的众人发出的喧嚣相比,一个哲学家的呼声确实太微弱了。然而,那些分散在大地上的少数明智者,将在内心深处向我发出共鸣。如果说,真理可以逾越硬把它同君主隔开的重重障碍而登上王位的话,那么,它懂得,正是这些明智者的秘密赞同才使它获得成功。它还知道:征服者的血腥名声将对这座王

位不起作用，而公正的后代将让它在泰塔斯、安东尼和图拉真[1]的和平战利品中占据首位。

倡导和平的美德，倡导科学和艺术的君主是人民的父亲，是加冕的公民，他们权力的增加就是臣民的幸福，因为，他们的权力削弱了那些因不可靠而变得残酷的专制中介。我们看到这些君主正坐在欧洲的一些王位上，如果他们第一次颁布法律，人类该多么幸福啊！人民的真诚愿望如能上达君主，往往是一种吉祥，而那些专制的中介却将它们扼杀。这些君主之所以让一些古老的法律继续存在，是因为从谬误身上剥下多少世纪以来一直受人尊敬的锈衣的确非常困难。而明智的公民正是因此才主张以更大的热情继续提高这些君主的权威。

① 泰塔斯(Titus)，79—81 年罗马帝国皇帝；安东尼(Antoninus Pius)，138—161 年罗马帝国皇帝；图拉真(Trajanus)，98—117 年罗马帝国皇帝。他们的统治使罗马帝国进入鼎盛时期，出现了“罗马的和平”；均被史学家誉为“贤明的皇帝”。——译者注

65

十七、驱逐和没收财产

谁扰乱了公共安宁，谁不遵守法律，即不遵守人们借以相互忍让和保护的条件，谁就应该受到社会的排斥，也就是说应该受到驱逐。

对于那些被指控犯有凶残罪行的人，如若只是有重大嫌疑，但还确定不了他们就是罪犯的话，看来应该将他们驱逐。但是，这样做需要有一个非武断的、尽量准确的规章，以此来惩办那些使国家处于下述灾难性抉择——或者畏惧他或者侵犯他——之中的人，同时，也给予他证实自己无罪的神圣权利。因而据以驱逐本国人和首次受控告者的理由，应比据以驱逐外国人和屡受控告者的理由更加充分。

然而，一个人被驱逐并被从他原来所属的社会永远开除出去之后，他的财产应该被剥夺吗？这个问题涉及不同的方面。剥夺财产是一种比驱逐更重的刑罚。应该根据犯罪的程度，分别给予剥夺全部、剥夺部分、不予剥夺三种不同的处置。剥夺全部财产应发生在法律所宣告的驱逐消灭了社会与犯罪公民间一切现存关系的时候，他的公民身份已经丧失，只剩下一个单纯的人了，对于政治肌体来说，与自然死亡相同的效果应该产生。既然驱逐在政治上无异于死亡，那么，从罪犯那里剥夺的财产看来就应该归属于他的合法继承人，而不应归属于君主。

但是，我之所以胆敢就没收财产提出异议，并不是仅仅因为这 66
一细故。某些人认为：没收财产是对复仇能力和私人势力的约束。但是，他们没有考虑到，尽管这些刑罚带来好处，但它们并不总是正义的，因为，被称为正义的刑罚应该是必要的刑罚。伺机以待的暴政以暂时的利益和某些显贵的幸福为诱饵，却不顾无数不幸者的绝望和眼泪，立法者如果不想使暴政有机可乘，就不能容忍有利可图的非正义。

没收财产是在软弱者头上定价，它使无辜者也忍受着罪犯的刑罚，并使他们沦于必然也去犯罪的绝境。法律要求家庭服从家长，这使得家庭在本来有办法阻止犯罪时却不能这样做；一个家庭因家长犯罪而蒙受耻辱和苦难，这是多么痛心的事情啊！

67

十八、耻辱

耻辱是一种受到公众谴责的标志，它使罪犯失去了公众的认同、祖国的信任和社会所倡导的友爱。

耻辱并不是一种取决于法律的东西。因而，法律所处以的耻辱必须同产生于事物关系本身的耻辱相一致，必须同普遍道德和各个制度下的特定道德——它们是世俗舆论和本国舆论的立法者——所倡导的耻辱相一致。如果它们相互分歧，那么，不是法律失去了公众的尊重，就是道德和正直的观念变成从来就抵抗不住实例的空洞说教了。谁把本身无关紧要的行为宣告为耻辱，谁就减少了真正耻辱行为的耻辱。

有些犯罪出于妄自尊大，它们从痛苦中获取荣耀和精神给养，对这类犯罪不适用痛苦的身体刑；相反，讥笑和耻辱却是行之有效的，这种刑罚用观众的高傲约束狂热者的妄自尊大，而且真理本身也恰恰凭借自己的耐力和顽强，从这种刑罚的韧劲中脱颖而出。用力量对付力量，用舆论对付舆论，就这样，聪明的立法者使人们从荒谬原则所造成的感叹和惊奇中清醒过来。经过不断文饰，荒谬原则通常向民众掩盖起自己荒谬的本原。

耻辱这种刑罚不应该过于经常地使用。因为，如果过于频繁地借助舆论的实际效果，就削弱了它本身的力量。另外，这种刑罚也不应该一下子施用于一大批人，因为，如果大家都耻辱，就成了

谁都不耻辱了。 68

瞧，这种方法没有使事物的关系或者说事物不可改变的本性发生混淆，这种方法的使用不受时间的限制并总在不断地起着作用，使一切偏离它的有限规则相互结合和发展。并不是只有赏心悦目的艺术才把忠实地刻画自然作为自己的基本原则。政治，至少是真正的和持久的政治，也服从这一基本原则，因为，它只不过是一种指导人的永恒情感并使之相互和谐的艺术罢了。

69

十九、刑罚的及时性

惩罚犯罪的刑罚越是迅速和及时，就越是公正和有益。

说它比较公正是因为：它减轻了捉摸不定给被告人带来的无益而残酷的折磨，被告人越富有想象力，越感到自己软弱，就越感受到这种折磨。还因为，剥夺自由作为一种刑罚，不能被施行于判决之前，如果并没有那么大的必要这样做的话。在被宣判为罪犯之前，监禁只不过是对一个公民的简单看守；这种看守实质上是惩罚性的，所以持续的时间应该尽量短暂，对犯人也尽量不要苛刻。这一短暂的时间应取决于诉讼所需要的时间以及有权接受审判者入狱的先后次序。监禁的严密程度只要足以防止逃脱和隐匿犯罪证据就可以了。诉讼本身应该在尽可能短的时间内结束。法官懒懒散散，而犯人却凄苦不堪；这里，若无其事的司法官员享受着安逸和快乐，那里，伤心落泪的囚徒忍受着痛苦，还有比这更残酷的对比吗？

一般说来，刑罚的强度和犯罪的下场应该更注重对他人的效用，而对于受刑人则应尽可能不要那么严酷。人们情愿忍受的是尽可能小的不幸，如果这个原则在一个社会不是确定无疑的，这个社会就不能被称为合理的。

我说刑罚的及时性是比较有益的，是因为：犯罪与刑罚之间的
70 时间隔得越短，在人们心中，犯罪与刑罚这两个概念的联系就越突

出、越持续，因而，人们就很自然地把犯罪看作起因，把刑罚看作不可缺少的必然结果。事实上，这些概念的结合是建造整个人类智慧工厂的水泥，否则，欢乐和痛苦就成了一些无结果的孤立感情。人们越是远离一般的观念和普遍的准则，也就是说，越是平俗，就越是根据直接的和比较接近的联系行事，而忽略比较深远和复杂的联系。这后一种联系仅仅服务于完全醉心于追求某一目标的人，因为他的目光关注着这个唯一的目标，对其他一概视而不见。同样，这种联系也服务于最卓越的头脑，因为他习惯于迅速浏览很多事物，并干练地把很多片面的感情相互对比，因而，他的行动往往是万无一失的。

只有使犯罪和刑罚衔接紧凑，才能指望相联的刑罚概念使那些粗俗的头脑从诱惑他们的、有利可图的犯罪图景中立即猛醒过来。推迟刑罚只会产生使这两个概念越离越远的结果。推迟刑罚尽管也给人以惩罚犯罪的印象，然而，它造成的印象不像是惩罚，倒像是表演，并且只是在那种本来有助于增加惩罚感的、对某一犯罪的恐惧心理已在观众心中减弱之后，才产生这种印象。

刑罚应尽量符合犯罪的本性，这条原则惊人地进一步密切了犯罪与刑罚之间的重要连接，这种相似性特别有利于人们把犯罪动机同刑罚的报应进行对比，当诱人侵犯法律的观念竭力追逐某一目标时，这种相似性能改变人的心灵，并把它引向相反的目标。

对那些罪行较轻的罪犯科处的刑罚通常是：或者将其关进黑 71
暗的牢房，或者发配到遥远的地方，为一些他未曾侵害过的国家充当鉴戒，去服几乎无益的苦役。如果人们并不孤注一掷地去犯严重罪行,那么,公开惩罚重大犯罪的刑罚将被大部分人看作是与己无关的和不可能对自己发生的。相反,公开惩罚那些容易打动人心的较轻犯罪的刑罚则具有这样一种作用:它在阻止人们进行较轻犯罪的同时,更使他们不可能去进行重大的犯罪。所以,刑罚不但应该从强度上与犯罪相对称,也应从实施刑罚的方式上与犯罪相对称。

二十、刑罚的确定性和必定性　恩赦 73

对于犯罪最强有力的约束力量不是刑罚的严酷性，而是刑罚的必定性，这种必定性要求司法官员谨守职责，法官铁面无私、严肃认真，而这一切只有在宽和法制的条件下才能成为有益的美德。即使刑罚是有节制的，它的确定性也比联系着一线不受处罚希望的可怕刑罚所造成的恐惧更令人印象深刻。因为，即便是最小的恶果，一旦成了确定的，就总令人心悸。然而，希望——这一天赐物，往往在我们心中取代一切，它常常使人想入非非，吝啬和软弱所经常容许的不受处罚更加使它具有力量。

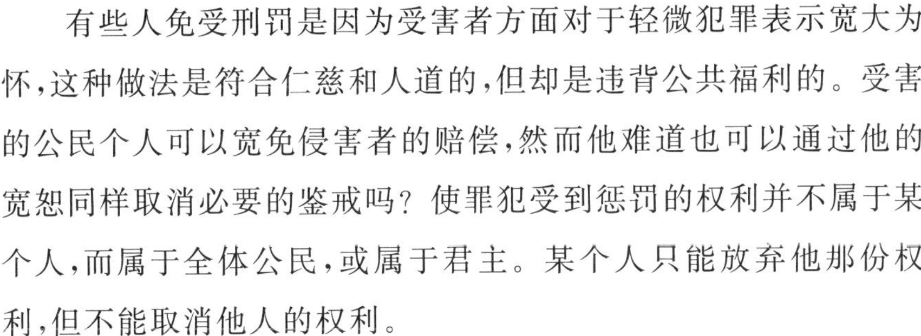

有些人免受刑罚是因为受害者方面对于轻微犯罪表示宽大为怀，这种做法是符合仁慈和人道的，但却是违背公共福利的。受害的公民个人可以宽免侵害者的赔偿，然而他难道也可以通过他的宽恕同样取消必要的鉴戒吗？使罪犯受到惩罚的权利并不属于某个人，而属于全体公民，或属于君主。某个人只能放弃他那份权利，但不能取消他人的权利。

随着刑罚变得日益宽和，仁慈和宽恕也就不那么必要了。在一个国家中，这些都成了有害的东西那才幸运呢！仁慈是这样一种美德，它对于君主来说，有时已成为王位一切义务之补充，它在完美的法制中本来应该被摒弃，在那里，刑罚是宽和的，审判方式是规则的和明快的。在生活于混乱的刑罚制度之下的人看来，这 74

一真理有些苛刻，因为那里的法律荒诞离奇，刑罚严酷，因而需要仁慈和宽恕。所以，它是君主最高尚的特权；它是君权最可贵的属性；它是那些施舍公共幸福的慈善家对于一部漏洞百出的法典的无声否定，这部法典恰恰受益于几百年来的偏见、无数诠释者的高谈阔论、表面手续所要求的严厉排场以及那些善于曲意奉承却不令人敬畏的半瓶子醋的迎合。

但是请注意，仁慈是立法者的美德，而不是执法者的美德；它应该闪耀在法典中，而不是表现在单个的审判中。如果让人们看到他们的犯罪可能受到宽恕，或者刑罚并不一定是犯罪的必然结果，那么就会煽惑起犯罪不受处罚的幻想。既然罪犯可以受到宽恕，那么人们就认为：无情的刑罚不是正义的伸张，反而是强力的凌暴。如果君主把恩赦即公共安全赐给某个人，并且采用这种不明智的私人仁慈行为制定不予处罚的公共法令，那么，我能说什么呢？

法律应当是铁面无私的，每一具体案件中的执法者也应当是铁面无私的。但是，立法者应当是温和的、宽大的和人道的。他们是一些明达的建筑师，使自己的大厦以自爱为基础平地而起，使普遍利益集中地体现个人利益。他们任何时候都不会被迫用片面的法律和混乱的措施将普遍利益同个人利益割裂开来，以恐惧和猜疑为基础建立起公共幸福的虚伪形象。他们是深沉而敏感的哲学家，让作为自己兄弟的人们安宁地享受那一小份幸福；自在的第一动因所创立的无限体系，安排人们在宇宙的这一角落领略这种享受。

二十一、庇护 75

我再谈谈另外两个需要探讨的问题。第一，庇护是否正义，国家之间达成相互遣返罪犯的协约是否有益？

在一个国家的疆界以内，不应当有任何一块土地独立于法律之外。法律的力量应该形影不离地跟踪着每一个公民。不予处罚和庇护没有多少差别。既然刑罚的印象主要在于肯定躲避不了它，而不在于它的强度，那么，庇护往往是提倡犯罪，它使刑罚赶不走犯罪。庇护权的泛滥造成了小君权的泛滥，因为在那些公共法律失去权威的地方，人们就可能制定另一些违背公共利益的法律，形成同社会整体精神相抵触的精神。整个历史表明：庇护在国家和舆论当中造成过巨大的动乱。

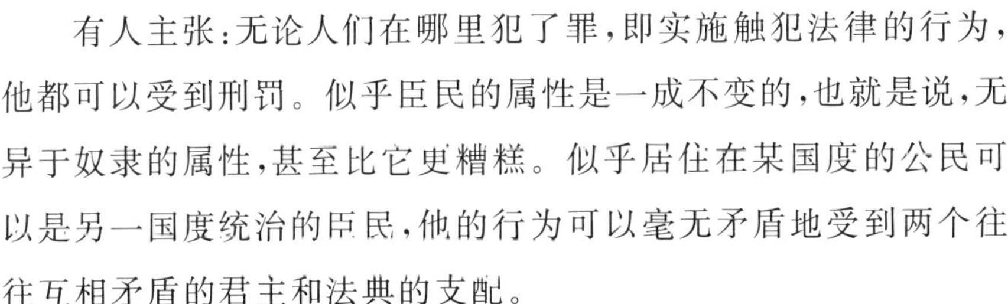

有人主张：无论人们在哪里犯了罪，即实施触犯法律的行为，他都可以受到刑罚。似乎臣民的属性是一成不变的，也就是说，无异于奴隶的属性，甚至比它更糟糕。似乎居住在某国度的公民可以是另一国度统治的臣民，他的行为可以毫无矛盾地受到两个往往互相矛盾的君主和法典的支配。

有人认为：在君士坦丁堡犯下的凶残行为，可以在巴黎受到惩罚。其抽象理由是：谁侵犯了人类，谁就应受到整个人类的敌视和普遍的痛恨。似乎法官是凭借着人的感觉复仇，而不是依据约束 76
着他们的契约来复仇。

刑罚的地点就是犯罪的地点，因为，人们仅仅是为了那个地点的公共安全才被迫去侵犯某个人。如果某个罪犯对于其他社会的契约并没有造成破坏，那么他可以受到该社会最高力量的威吓、驱逐和排斥，却不能受到以法律手续作出的惩罚。法律只是社会契约的复仇者，而不是行为内在恶意的复仇者。

虽然都在劝我相信：不让真正的犯罪找到任何安身之地，这是防范犯罪的极有效的措施，然而，只要最符合人类要求的法律以及最为宽和的刑罚在摆脱了擅断和见解之后还未使受压迫的无辜者和受鄙薄的美德获得保护，只要那种将君主利益同臣民利益日益联系在一起的一般理性还没有将暴政完全隔绝在广阔的亚洲平原，那么，对于国家之间互相遣返罪犯是否有益这一问题，我可不敢作出结论。

二十二、悬赏 77

需要探讨的另一个问题是：以悬赏的方式买取被认为是罪犯的人的头颅，并使每个公民都成为高挽袖口的刽子手，这是否有益呢？

罪犯有时逃离国界以外，有时留在国界以内。在第一种情况下，君主悬赏就是在鼓励公民犯罪，把他们送上刑场，因为，这样做损害并僭越了他人的统治，并以此种方式认可其他国家对他采取同样的做法。在第二种情况下，悬赏暴露了君主自身的软弱。有力量保卫自己的人是不寻求这种交易的。

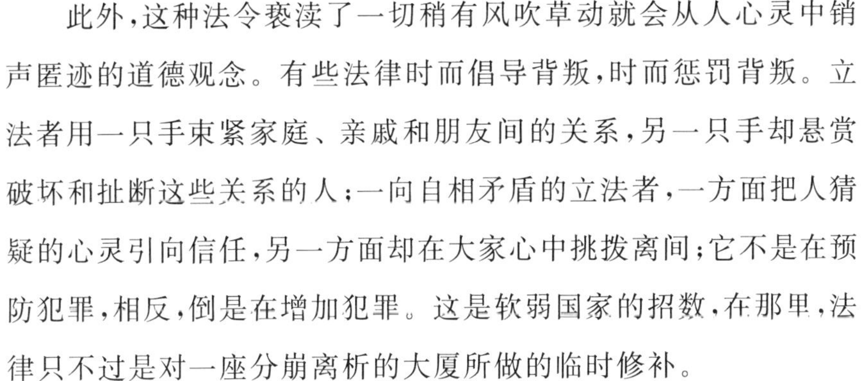

此外，这种法令亵渎了一切稍有风吹草动就会从人心灵中销声匿迹的道德观念。有些法律时而倡导背叛，时而惩罚背叛。立法者用一只手束紧家庭、亲戚和朋友间的关系，另一只手却悬赏破坏和扯断这些关系的人；一向自相矛盾的立法者，一方面把人猜疑的心灵引向信任，另一方面却在大家心中挑拨离间；它不是在预防犯罪，相反，倒是在增加犯罪。这是软弱国家的招数，在那里，法律只不过是对一座分崩离析的大厦所做的临时修补。

随着一个国家日益走向光明，忠实和相互信任也变得日益必要，并日益趋向于同真正的政治结合在一起。阴谋、诡计、阴暗间接的手段往往被法律所预防，大家的敏感性抵消了个人的敏感

性。在蒙昧世纪中，公共道德要求人们屈从于私人道德，文明世纪
78 应以此为鉴。然而，那些奖赏背叛、煽动地下战争，并在公民中制造相互猜疑的法律，同这种政治与道德的必然结合是背道而驰的，而只有依靠这种结合，人民才能享受幸福，国家才能获得和平，世界才能摆脱笼罩着它的不幸，进入长期的安宁和休憩。

二十三、刑罚与犯罪相对称 79

公众所关心的不仅是不要发生犯罪，而且还关心犯罪对社会造成的危害尽量少些。因而，犯罪对公共利益的危害越大，促使人们犯罪的力量越强，制止人们犯罪的手段就应该越强有力。这就需要刑罚与犯罪相对称。

如果说欢乐和痛苦是支配感知物的两种动机，如果说无形的立法者在推动人们从事最卓越事业的动力中安排了奖赏和刑罚，那么，赏罚上的分配不当就会引起一种越普遍反而越被人忽略的矛盾，即：刑罚的对象正是它自己造成的犯罪。如果对两种不同程度地侵犯社会的犯罪处以同等的刑罚，那么人们就找不到更有力的手段去制止实施能带来较大好处的较大犯罪了。无论谁一旦看到，对打死一只山鸡、杀死一个人或者伪造一份重要文件的行为同样适用死刑，将不再对这些罪行作任何区分；道德情感就这样遭到破坏。这种情感是无数世纪和鲜血的成果，它们极为艰难地、缓慢地在人类心灵中形成；为培养这种感情，人们认为还必须借助最高尚的动力和大量威严的程式。

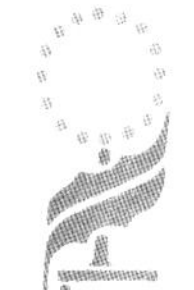

在同人类欲望的普遍斗争中，防止一切越轨行为的产生是不可能的。随着人口的增长，随着个人利益日益交织在一起，很难按照几何公式将这些个人利益引向公共利益，因而，越轨行为也就不断增加。在政治算术中，需要以可能性的计算代替数学中计算的 80

精确性。浏览一下历史将会发现：越轨行为是随着帝国疆土的扩大而增长的。由于民族感情被随之削弱，个人能从自己的越轨行为中捞到好处，增强了犯罪的推动力，因此，加重刑罚也就变得越来越必需了。

促使我们追求安乐的力量类似重心力，它仅仅受限于所遇到的阻力。这种力量的结果就是各种各样的人类行为的混合；如果它们互相冲突、互相侵犯，那么我称之为“政治约束”的刑罚就出来阻止恶果的产生，但它并不消灭冲突的原因，因为这种原因是人的不可分割的感觉。立法者像一位灵巧的建筑师，他的责任就在于纠正有害的偏重方向，使形成建筑物强度的那些方向完全协调一致。

既然存在着人们联合起来的必要性，既然存在着作为私人利益相互斗争的必然产物的契约，人们就能找到一个由一系列越轨行为构成的阶梯，它的最高一级就是那些直接毁灭社会的行为，最低一级就是对于作为社会成员的个人所可能犯下的、最轻微的非正义行为。在这两极之间，包括了所有侵害公共利益的、我们称之为犯罪的行为，这些行为都沿着这无形的阶梯，从高到低顺序排列。

如果说对于无穷无尽、暗淡模糊的人类行为组合可以应用几何学的话，那么也很需要有一个相应的、由最强到最弱的刑罚阶梯。有了这种精确的、普遍的犯罪与刑罚的阶梯，我们就有了一把衡量自由和暴政程度的潜在的共同标尺，它显示着各个国家的人道程度和败坏程度。然而，对于明智的立法者来说，只要标出这一尺度的基本点，不打乱其次序，不使最高一级的犯罪受到最低一级的刑罚，就足够了。

二十四、衡量犯罪的标尺 81

我们已经看到，什么是衡量犯罪的真正标尺，即犯罪对社会的危害。这是一条显而易见的真理，尽管认识这类明了的真理并不需要借助于象限仪和放大镜，而且它们的深浅程度都不超出任何中等智力水平的认识范围，但是，由于环境惊人地复杂，能够有把握认识这些真理的人，仅仅是各国和各世纪的少数思想家。

亚洲式的见解和披着权势外衣的欲望，往往采取无形的冲击，或者在个别时候通过对人们懦弱的轻信心来施加强暴的影响，抹杀一些通俗的概念。也许正是这些概念构成了初生社会的哲学，本世纪的光明似乎就是这些哲学思想的再现，而在接受了严格的检验、痛苦的经历和磨难之后，它们被进一步发扬光大了。

有人认为：犯罪时所怀有的意图是衡量犯罪的真正标尺，看来他们错了。因为，这种标尺所依据的只是对客观对象的一时印象和头脑中的事先意念，而这些东西随着思想、欲望和环境的迅速更迭，在大家和每个人身上都各不相同。如果那样的话，就不仅需要为每个公民制定一部特殊的法典，而且需要为每次犯罪制定一条新的法律。有时候会出现这样的情况，最好的意图却对社会造成了最坏的恶果，或者，最坏的意图却给社会带来了最大的好处。

有些人在衡量犯罪时，考虑更多的是被害者的地位，而不是犯 82
罪对公共利益的影响。如果说这是衡量犯罪的真正标尺，那么，同谋杀帝王的行为相比，对大自然的失敬行为就应该受到更为严厉的惩罚，因为自然的至高无上性完全足以弥补被害人的身份差别。

最后，还有些人认为：罪孽[1]的轻重程度是衡量犯罪的标尺。冷静地研究一下人与人之间以及人与上帝之间的关系，就将清楚地发现这种看法的荒谬。人与人之间的关系是平等的，只是为了解决欲望的冲突和私利的对立，才产生共同利益的观念，以作为人类正义的基础。人与上帝之间的关系是依赖于上天和造物主的，只有造物主才同时拥有立法者和审判者的权利，因为唯独它这样做不会造成任何麻烦。如果说上帝已经为违抗它那无上权威的人规定了永恒的刑罚，那么，谁胆敢去充当一个取代神明公正的爬虫呢？谁想去为这位不能从周围接受任何欢乐和痛苦、自我作古、独往独来的存在物复仇呢？

罪孽的轻重取决于叵测的内心堕落的程度，除了借助启迪之外，凡胎俗人是不可能了解它的，因而，怎么能以此作为惩罚犯罪的依据呢？如若这样做，就可能出现这种情况：当上帝宽恕的时候，人却予以惩罚；当上帝惩罚的时候，人却予以宽恕。如果说人们的侵害行为可能触犯上帝的无上权威的话，那么，人们的惩罚活动同样可能触犯这一权威。

---

① 罪孽(peccato)是指一种宗教罪恶，它被认为是对上帝旨意的违反。在中世纪，对犯有严重罪孽的人也按犯罪论处。——译者注

二十五、犯罪的分类 83

有些犯罪直接地毁伤社会或社会的代表；有些犯罪从生命、财产或名誉上侵犯公民的个人安全；还有一些犯罪则属于同公共利益要求每个公民应做和不应做的事情相违背的行为。

任何不包含在上述限度之内的行为，都不能被称为是犯罪，或者以犯罪论处，只有那些能由此得到好处的人才会这样做。犯罪界限的含混不清，在一些国家造成了一种与法制相矛盾的道德，造成了一些只顾现时而相互排斥的立法，大量的法律使最明智的人面临遭受最严厉处罚的危险，恶和善变成了两个虚无缥缈的名词，连生存本身都捉摸不定，政治肌体因此而陷入危难的沉沉昏睡。

每个公民都应当有权做一切不触犯法律的事情，除了其行为本身可能造成的后果外，不用担心会遇到其他麻烦。这是一项政治信条，它本应得到人民的信任，本应得到廉正地守护法律的、高尚的司法官员们的宣扬；这是一项神圣的信条，舍此就不会有一个正当的社会；这是对人的一种正确的补偿，因为他已经牺牲了每个感知物所共有的、在自己力量范围内做一切事情的普遍自由。这一信条培养着生机勃勃的自由心灵和开明头脑；它为了使人们变
得善良，赋予他们一种无所畏惧的美德，而不是逆来顺受者所特有 84
的委曲求全的美德。

谁要是用哲学家的眼光来读一读各国的法典及其编年史，他

就会发现：善良、罪恶、良民、罪犯这些名词随着历史的沿革所发生的演变，不是以在各国环境中发生的因而总是符合共同利益的变化为依据，而是以不断鼓动着各个立法者的欲望和谬误为依据。他往往还会发现：某一世纪的欲望就是后来世纪的道德基础。强烈的欲望作为狂热和激情的产物，当它被使一切物质和精神现象归于平衡的时间所冷却和销蚀后，逐渐变成了后来的保守，变成了当权者和投机者手中的工具。

极其含混的名誉和道德概念就是这样形成的。它们之所以成为这样，是因为：随着时间的变化，概念本身发生了变化，事物的名称却保留下来；是因为：河流和山脉不但是某种实体的界线，而且也常常成为道德地理的界线，因而，这些概念也根据地理条件而发生变化。

二十六、叛逆罪 85

前面提到的第一类犯罪，由于其危害性较大，因而是最严重的犯罪，这就是所谓的叛逆罪。残暴和愚昧把这些字眼和一些最明确的观念搞得混乱，只有它们才可能把叛逆的罪名及其随之而来的最重刑罚强加于那些本质不同的犯罪，以致使人们像在无数其他情况下一样，成为某个词的牺牲品。

一切犯罪，包括对私人的犯罪都是在侵犯社会，然而它们并非都试图直接地毁灭社会。道德行为同物理运动一样，也有它们有限的活动范围，它们也同一切自然运动一样，分别受着时间和空间的限制。强词夺理的解释往往是一种奴役哲学的体现，只有它才会把早已为永恒真理采用不可改变的关系加以区分的对象混为一谈。

87 # 二十七、侵犯私人安全的犯罪　暴侵

其次，就是侵犯私人安全的犯罪。一切合理的社会都把保卫私人安全作为首要的宗旨，所以，对于侵犯每个公民所获得的安全权利的行为，不能不根据法律处以某种最引人注目的刑罚。

在这类犯罪中，一部分是侵犯人身，一部分是损害名誉，另一部分是侵犯实物。头一部分犯罪，无疑应受到身体刑的惩处。

侵犯公民安全和自由的行为是最严重的犯罪之一。在这一等级中，不但包括平民犯下的谋杀和盗窃罪行，也包括某些伟人和官员所犯下的类似罪行。这些上等人的犯罪在臣民中破坏了公正和义务的观念，而代之以强权观念，这种观念对实施强权的人和忍受强权的人都是同样危险的，因此，这类犯罪的影响更加广泛和严重。

伟人和富翁都不应有权用金钱赎买对弱者和穷人的侵犯，否则，受法律保护的、作为劳作报酬的财富就变成了暴政的滋补品。一旦法律容忍在某些情况下人不再是人，而变成了物，那么自由就不存在了。那时候你会看到：豪强们将完全致力于从大量的民事关系中发掘法律为他们提供的便利。这一发现具有神奇的魔力，它把公民变成受奴役的牲畜，它在豪强手中是一条束缚鲁徒和弱
88 者的锁链。正是由于这一原因，使得一些国家表面上很自由，暗中却隐伏着暴政，或者暴政意想不到地钻进某些被立法者忽视的角

落，在那里潜移默化地发展着自己。人们常常只注意建造一些防止公开暴政的较坚固的堤坝，却看不到那些不起眼的爬虫正在侵蚀着千里大堤，为河流的泛滥开辟着既可靠又隐秘的途径。

在一些国家的立法中，贵族的特权占有重要的地位，那么，贵族犯罪之后应受到怎样的刑罚呢？在这里，我不去探讨贵族与平民之间的世袭区别对某一政府是否有益，或者在某个君主国中是否必要；是否这一区别确实形成了一种居中的权力，限制两极的越轨行为，或者是否会形成一个既约束自己又约束他人的阶层，把信任和希望的交流限制在一个极狭窄的小圈子之内，好似广袤的阿拉伯沙漠中富饶而宜人的绿洲。我也不去探讨：何时不平等确实是不可避免的，或是对社会有益的；这种不平等应该体现于阶层之间呢，还是应体现于个人之间；应该稳定于政治肌体的某一部分呢，还是应在其整体中循环；应该一成不变呢，还是应有生有灭？我只想谈谈对这一阶层的刑罚问题。我主张：对于贵族和平民的刑罚应该是一致的。

法律认为：所有臣民都平等地依存于它，任何名誉和财产上的差别要想成为合理的，就得把这种基于法律的先天平等作为前提。应当考虑到：那些抛弃了强横本性的人们曾说过：谁越勤奋，谁的荣誉就越高，他的名声将在其后代中显赫。然而，人越是幸福，越受尊敬，他的希望就越多，同时他比同其他人更加害怕侵犯他赖以出类拔萃的契约。的确，没有哪个人类议会曾颁布过这样的法令，然而，它却蕴含于事物稳固的关系当中，它并不是要消灭尊贵所带
来的便利，而是要防止这些便利造成麻烦。它使法律令人望而生 89
畏，并堵塞一切使犯罪不受处罚的漏洞。

有人会说,从教育上的差别以及一个富贵家庭将蒙受的耻辱来看,对贵族和平民处以同等的刑罚,实际上是不平等的。对此,我回答说:量刑的标尺并不是罪犯的感觉,而是他对社会的危害,一个人受到的优待越多,他的犯罪行为造成的公共危害也就越大。刑罚的平等只能是表面上的,实际上则是因人而异的。犯人的家庭所蒙受的耻辱,可以由君主对无辜家庭公开表示的恩惠所洗刷。谁不晓得这种感人的手续对于轻信和惊叹的人民来说,能够取代理性的地位呢?

二十八、侮辱 91

人身侮辱有损于人的名誉，也就是说，有损于一个公民有权从他人那里取得的那份正当的敬重。对于这种侮辱行为，应该处以耻辱刑。

一部分民事法律最注意保护的是每个公民的身体和财产，而关于所谓名誉的法律则是把舆论置于首位，它们之间存在着一个深刻的矛盾。名誉这个词是一个被用作高谈阔论的基础，却不带有任何稳定确切含义的辞藻。人的头脑是多么可悲呀！最遥远而无关紧要的天体旋转的思想，在它们那里成了比较明确的知识；而眼前至关重要的道德观念，在欲望之风的吹动下，却总是缥缈和混乱的，并由受人支配的愚昧所接受和传播！近在咫尺的客体常常令人眼花缭乱，同样，道德观念要是太近了，也很容易使组成这种观念的无数简单观念混淆，并使人看不清那种想衡量人类感觉现象的几何精神所需要的分界线。如果注意到这一事实，上述情形的表面荒谬性将消失。冷静地调查人类事务的人将完全消除惊奇感，他将怀疑，为了使人们得到幸福和安全，也许没有必要设立那么多的道德仪式和条条框框。

名誉是一种复合观念，它不仅包含着一些简单的观念，也同样 92
包含着一些复杂的观念。这些复合观念变幻无常地浮现于人的脑

海之中，时而接受各种构成成分，时而又加以排斥，它们只保留少数的共同观念，如同许多代数中的复合量接受一个公约数那样。为了从构成名誉的各种观念中找出这个公约数，需要大致地回顾一下社会是怎样形成的。

最初的法律和司法官员，是为了防止每个人体力上的强横导致越轨行为而产生的，这是建立社会的宗旨。所有的法典，包括某些破坏性的法典，都实际地或形式地保留着这一最初的宗旨。随着人与人的接近和认识的进步，人们彼此间的交往和要求大大地增多了，这些交往和要求往往超越了法律的先见之明，同时又是每个人的现实能力所鞭长莫及的。从这时起，舆论的强横就成了从他人那里获取和躲避法律所管不着的利益和损害的唯一工具。舆论使俗人和智者都受到折磨，它推崇的是美德的外表，而不是美德本身；它为了自己的利益能够把罪犯变成布道者。因此，人们为了不降至共同水平以下，不但需要而且必须取得公众的敬重。野心勃勃的人获取它是为了加以利用；爱虚荣的人乞求它是为了证明自己的功绩；正人君子要求它则是因为这是他必不可少的东西。这种名誉已经成了很多人赖以生存的条件。然而，这一社会建立之后的产物，却未能被置于公共保管之下，维护名誉反倒成了向自然状态的回复，暂时使自己的人身脱离法律的保护，因为这样的法律尚不能充分保护一个公民的名誉。

在极端的政治自由和极端的政治依从中，名誉的观念都会消
93 失，或者完全同其他观念相混淆。因为在前一种情况下，法律统治

一切,没有必要寻求他人的敬重;在后一种情况下,人的专横破坏了人们的民事地位,他们被迫只具有一种朝不保夕的人格。因而,名誉是那些专制已被削弱的君主制的基本原则之一,在那里,同发生在专制主义国家中的那些革命一样,使得名誉成为向自然状态的一时回复和对古老平等的掌管者的回忆。

95

二十九、决斗

由于他人的敬重成为必不可少的需要，因而出现了私人决斗，它恰恰根植于法律的无政府状态。人们认为古代不曾发生过决斗，或许因为古人在教堂和剧院中与朋友相聚时并不多疑地携带武器；或许因为决斗是那些下贱的奴隶剑客为人们表演的共同惯技，而自由人却很厌恶被人看成和叫作进行私人格斗的剑客。

那些对任何接受决斗的人处以死刑的法令，竭力想根除这一习俗，然而无济于事。这种习俗的基础在于某些人宁死不愿丧失的名誉。因为正人君子一旦失去了他人的敬重，就预示着将变成一个纯粹的孤立者。对于一个社会性的人来说，这是一种无法忍受的境遇，或者说意味着他将成为众人侮辱和羞耻的对象，由于反复的影响，这种考虑就足以压倒对刑罚的恐惧。为什么弱小的人民不像大人物那样经常进行决斗呢？不仅由于他们被解除了武装，也因为平民并不像那些越高贵就越相互猜疑和嫉妒的大人物那样需要他人的敬重。

预防这种犯罪的最好办法就是惩罚侵犯者，即挑起决斗的人；同时宣布：毫无过错地被迫起来维护现时法律所不保障的东西即声誉的人是无罪的。把这些别人已作出的论述再重复一遍，大概不无益处。

三十、盗窃 97

对于不牵涉暴力的盗窃，应处以财产刑。对那些大发他人之财的人应该剥夺他们的财产。但一般说来，盗窃是一种产生于贫困和绝望的犯罪，是不幸者的犯罪，所有权（可怕的、也许是不必需的[①]权利）为他们保留的只是一贫如洗的地位。同时，财产刑要求犯人付出的钱数超过了他所侵犯的数额，并迫使一些无辜的人们为罪犯付出代价。所以，最恰当的刑罚是那种唯一可以说是正义的苦役，即在一定的时间内，使罪犯的劳作和人身受到公共社会的奴役，以其自身的完全被动来补偿他对社会公约任意的非正义践踏。

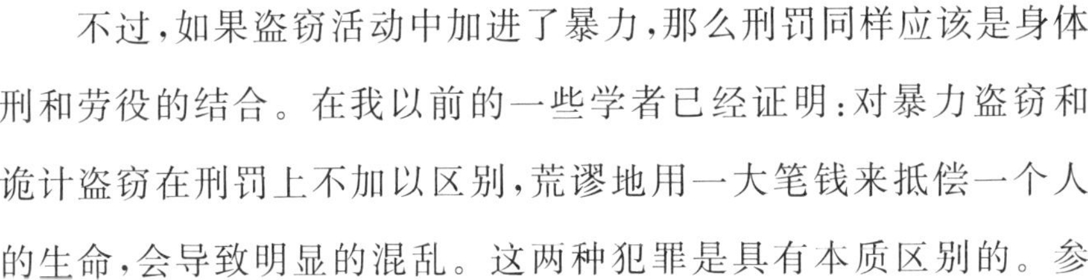

不过，如果盗窃活动中加进了暴力，那么刑罚同样应该是身体刑和劳役的结合。在我以前的一些学者已经证明：对暴力盗窃和诡计盗窃在刑罚上不加以区别，荒谬地用一大笔钱来抵偿一个人的生命，会导致明显的混乱。这两种犯罪是具有本质区别的。参

---

① 在《论犯罪与刑罚》的第一版中，此处为“可怕的、也许是必需的权利”，而在第三版中，“必需的”一词前增加了“不”字。不少学者认为，否定词“不”是后来排版人造成的错误，贝卡里亚并不认为所有权是“不必需的”。但是，也有的学者认为，这是贝卡里亚的真实想法，根据是：彼得罗·韦里在1767年9月16日写的一封信中，曾嘲笑贝卡里亚想在法典中“删除所有权”。——译者注

差的数量之间存在着分解它们的无限量,这条数学公理在政治上也是极为确切的。重复这些似乎从未遵遁过的真理,绝不是多余的。政治机器比其他任何机器都更加保守业已定型的动作,在接受新的动作方面,它最为缓慢。

三十一、走私 99

走私是地地道道的侵犯君主和国家的犯罪。但是对走私罪不应施用耻辱性刑罚，因为走私者在犯罪后没有引起公共舆论对他的羞辱。

既然走私活动是对君主因而也是对国家的盗窃活动，为什么它从来没有使作案者声名狼藉呢？我认为答案在于：当某种犯罪在人们看来不可能对自己造成损害时，它的影响就不足以激发起对作案者的公共义愤。走私罪就是如此。与己无关的后果只给人留下一些极淡薄的印象，因而人们看不出走私对自己有什么损害，甚至还经常从中获得实惠。人们只看到给君主造成的损害，所以也就不像对待盗窃私人财物、伪造笔迹和其他一些他们可能遇到的坏事那样，重视取消对走私者的敬重。每个感知物都只注意他所认识到的危害，这是一条显而易见的规律。

走私罪也是法律自身的产物。因为关税越高，渔利也就越多。随着警戒范围的扩大，随着违禁商品体积的缩小，人们更热衷于尝试走私，实施这种犯罪也更加便利。没收违禁品和随行财物，这是对走私者极为公正的刑罚。然而，关税越低，这一刑罚就越有效，因为，如果人们侥幸获取的利益同他们所冒的风险不成比例，人们就不会铤而走险。

但是，应该让那些无财产可丧失的走私犯不受处罚吗？不能。100

一些走私活动牵涉到纳税——它是优秀法制中如此重要和困难的部分——的本质，以致应对这样的犯罪处以引人注目的刑罚，直至监禁和苦役，不过，这种监禁和苦役应同犯罪的性质相符合。比如说，对于烟草走私犯的监禁就不应同对刺客和盗贼的监禁一样。让走私者劳动应仅限于使他们因意图欺骗国库而尝受痛苦和劳役，这最符合刑罚的本质。

三十二、关于债务人 101

信守契约，保障贸易安全，这两条原则迫使立法者用破产的债务人的人身向债权人担保。然而，我认为重要的是把故意破产者同无辜破产者加以区别。既然伪造作为债的质押品的铸币与伪造债本身均为同等程度的犯罪，因此，故意破产者应受到同样适用于伪造货币罪的刑罚。

但是无辜破产者经过严格审查以后，如果向法官证明使他丧失财产的原因是他人的作恶或不仁或是人的谨慎所无法避免的不测风云，难道还应根据什么野蛮的理由将他投入监狱吗？难道应该剥夺他唯一的可怜财产——赤贫的自由，而让他去体尝罪犯的痛苦生活吗？难道应该让那些安分守已地生活在法律保护之下的人，由于无力控制自己不触犯法律而绝望含冤地忏悔自己的无辜吗？强者订立这种法律是出于贪婪的欲望，弱者忍受这些法律是出于一种常常闪现在人类心中的希望，这种希望使我们相信，灾难属于他人，自己则总是顺利。尽管实现法律的宽和化对于每个受到严酷法律制约的人都是有益的，然而，一些完全沉湎于最天然感情的人却仍然爱好严酷的法律，因为他们担心受到侵犯的心情比实施侵犯的愿望更为强烈。

让我们再回来谈谈无辜破产者。如果说只要破产者未将债务
完全清偿，他的义务就推卸不掉的话，如果说未经有关当事人同 102

意，破产者便不能摆脱债权人的控制，而且不能将本来应该在刑罚的强迫下付出的、重使其以逐渐盈利清偿债务的劳苦转移到其他法律保护之下的话，难道还有什么合法的借口能像保障贸易安全和神圣的财产所有权那样为无益地剥夺自由权做辩解吗？除非需用苦役的恶果暴露假无辜破产者的秘密。然而在经过严格审查之后，这种情况是极其罕见的。

一事物在政治上造成的麻烦同它的社会危害性成正比，同它的不可发生性成反比。我认为这是一条立法准则。①

看来，应该区别对待故意、严重过失、轻微过失和完全无辜这四种情况。对于故意者，应按伪造罪论处；对于严重过失者，应处以较此稍轻的刑罚，但要剥夺其自由；对于完全无辜者，应为其保留选择恢复元气的方法的权利；而对于轻微过失者，则应剥夺这一权利，并把它让给债权人。但是，应该由铁面无私的法律来区别这种轻重过失，而不能靠法官做危险武断的权衡。在政治上，为了计量公共利益而确定一些限度是必要的，就像在数学中为了计算数量而需要确定一些限度一样。

具有先见之明的立法者，本来能够多么轻而易举地防止大量
103 过失破产并帮助辛勤的无辜者摆脱不幸啊！公开和明确地记载一

① 贸易和财产所有权并不是社会契约的目标，但是它们可以是实现目标的手段。使所有社会成员受到恶果的威胁并为此而设计大量的组合，会使目标依从于手段。在一切学科中，这都是荒谬的，尤其是在政治学中。在前几版中，我曾陷入过这种谬误，当时我写道：无辜的破产者应当被看管起来，以作为其债务的质物，或者为债权人奴隶般地从事劳动。我对自己所写下的这些感到惭愧。我曾被指责为不虔诚者和作乱者，这类指控都是不合情理的。然而，当我侵害了人类权利的时候，却没有受到任何谴责！——作者原注

切契约，并让所有公民自由地查询这些编排良好的契约文件；明智地向兴隆的买卖募捐，用来建立一所公共银行，以便及时地向那些应受谅解的不幸成员提供救济资金，这些措施实际上是百利而无一害的。只要立法者点点头，这些简单的、易行的、伟大的法律就可以给国家带来繁荣和强盛，就可以使立法者领受不尽世世代代感恩者的赞美，然而，它们却不大被人所认识或者不大被人所盼望。精神上不安和脆弱，对现实谨小慎微，在新事物面前不越雷池一步，这一切完全统治了碌碌无为的庸人的感情。

105 # 三十三、关于公共秩序

第三类犯罪，具体地说，就是那些扰乱公共秩序和公民安宁的犯罪行为。例如：在被指定进行贸易和公民来往的公共街道上喧闹和豪宴狂饮；向好奇的群众发表容易激起他们欲望的狂热说教，助长这种欲望的是听众的聚集和蒙昧怪僻的热情，而不是清醒、平静的理性，这种理性从不对一大群人起作用。

在夜间公费照明；在城市的各条街道派进卫队；进行通俗和道德的宗教讲演，维护受公共当局保护的教堂的安宁及其神圣秩序；在国家的集会上，在会议上，在那些体现着君权的地方，呼吁人们维护私人和公共的利益。上述措施都能有效地防止民众欲望的危险聚合。这些就是被法国人叫作 police(警察)的官员应严守的主要职责。但是，这些官员如果不是根据公民手中法典所确定的条文进行工作，而是口含天宪的话，那么，他们就为伺机吞噬政治自由的暴政开放了门户。每个公民都应知道怎样做是犯罪，怎样做不是犯罪。我找不出对于这条普遍公理有什么例外的情况。如果
106 说监察官以及那些拥有裁断权的官员在某些政府中是必需的，那是由于该国家法制的软弱，而组织优良的政府本质上是无此需要的。自己命运的捉摸不定常常使人成为黑暗暴政的牺牲品，而不

是牺牲于公开的、庄重的严酷；它往往使人心思反，而不是使人顺从服帖。

真正暴君的出现，总是从控制舆论以压抑勇敢开始的。勇敢这东西，要么闪烁在真理的光辉里，要么飞腾在欲望的火焰上，要么表现在危险的愚昧中。

107

三十四、关于政治惰性

明智的政府是不容许在自己辛勤劳苦的肌体内部存有政治惰性的。我称之为政治惰性的东西，对社会既不贡献劳苦，又不贡献财富；它只知获取，却不付任何代价；凡夫俗民对它咂嘴惊叹，明智者却为被它糟蹋的一切感到愤愤不平；它丧失了保持并提高生活幸福所必需的那种进取的活力，却把全部精力耗费在颇为强烈的舆论欲上。

一些古板的说教者把上述惰性同表现在辛勤积累财富上的惰性混为一谈。然而，确定什么是应受惩罚的惰性，不能依靠某些监察官刻板而有限的美德，而要依靠法律。有些人享受的是自己前辈用罪恶或美德换来的果实，他们为了一时的欢乐，向辛勤的贫困者出卖生计手段和条件，从而以财富和平地进行一场无声的产业战争，而不是依靠强力进行那种危险的血腥的战争。这种人在政治上并不具有惰性。随着社会的扩展，随着行政管理的不断严明，这种惰性也就越加有益和必要。

三十五、关于自杀和流亡 109

自杀看来是一种不能接受真正意义的刑罚的犯罪，因为，对自杀者的刑罚只能落在一些无辜者身上，或落在一具冰冷的失去感觉的尸体上。如果说后一种情况就像鞭笞一尊塑像一样，对活人不起任何作用的话，那么，前一种情况就是非正义的和暴虐的，因为，人的政治自由必然要求刑罚纯粹是针对个人的。

人类特别热爱生活，他们周围的一切都使他们加强着这种爱。想入非非的欢乐和希望是一种极为甜蜜的圈套，它对于凡人的诱惑力太大了，以致使他们为此而大口大口地吞咽沾着很少一点甜汁的苦果。为什么要担心对自杀者必然地不予处罚会对人们造成什么影响呢？害怕痛苦的人都遵守法律，但是，死亡却消除了人体内一切产生痛苦的源泉。因而有什么力量能使自杀者停下他那绝望的双手呢？

任何自杀者给社会带来的害处，同永远脱离该国领域的人所造成的恶果相比要小一些。因为，自杀者把自己的财产全部留下，而后者却带走了一部分。如果说社会的力量取决于公民的数量，那么后者这种抛弃祖国、委身邻国的行为，同简单地以死来摆脱社会的行为相比，加倍地损害了社会。这样，剩下的问题就只是去了解：为每个社会成员保留长期缺席的自由，对国家有利还是有害。

110 任何一条法律，如果它没有能力保卫自己，或者社会环境实际上使它毫无根基，那它就不应当被颁布。舆论是人心的主宰者，它只接受立法者所施加的间接的和缓慢的影响，却抗拒对它直接的侵犯。因而，一些无用的法律一旦受到人们的蔑视，将使一些还比较有价值的法律也因而被贬低，并被人视为必须逾越的障碍，而不是公共利益的保存者。

正像我所讲过的那样，我们的感情是有限的，人们越是尊重法律以外的事物，他们留给法律本身的尊重就越少。根据这个原则，明智的公共幸福的分配者可以得出很多有益的结论，一一加以阐述会使我离题太远。这里，我只论证一下把一个国家变成一座监狱的害处。这样的法律是毫无益处的，因为，除非不可接近的岩礁和无法航行的海域将一个国家与世隔绝，否则它怎么能封锁住自己的整个边界，怎么能使自己的看守万无一失呢？

一个带走全部财产的人，从完成这一行为起就不可能受到惩罚了。这种犯罪行为一旦实施，就不再可能对它处罚。事先的惩罚就是惩罚人的意志而不是他的行为，就是在对意向这个独立于人类法律王国的、人身上最自由的东西发号施令。通过没收留下的财产来惩罚缺席者，将导致简单的和难以避免的暗中作弊，不严格限制契约自由，就不可能消除这种作弊，此外，这还会妨碍国与国之间的一切贸易。如果在流亡者回国后对他施以刑罚，就等于阻止人们弥补已给社会带来的损失，让他们永久地缺席下去。禁止国民出国，将使国民离去的愿望增强，并警告外国人不要进来。

有的政府除了借助恐吓外，再没有其他办法留住那些由于童年时代的最初印象而自然地热爱祖国的人。我们由此应想到些什么呢？使公民扎根于祖国的最可靠方法就是提高同他们每个人密切相关的福利。就像应当竭尽全力促使贸易收支有利于我们自己一样，君主和国家也应当想尽办法使福利程度成为周围国家所无 111
与伦比的。随着一个国家的进步，不平等也在增长，发展奢侈享乐是弥补这种不平等的必要措施，否则财富就可能凝结在个别人手里。但是，奢侈享乐并不是国家福利的主要成分。[①]

奢侈享乐的交易和流转具有不利因素，虽然它对很多人是帮助，但是，它始于少数人，并结束于少数人，多数人只尝到极少一点滋味，因而，它消灭不了那种产生于对比而不是产生于实际的贫困感。但是，安全和只受法律制约的自由是这种福利的基础，只有依靠它们，奢侈享乐才能造福于人民，失去了这一基础，奢侈享乐就变成了暴政的工具。慷慨的野兽和极自由的鸟儿远遁于荒野僻林，它们把最肥沃和最宜人的地域委弃给狩猎者。同样，当暴政分配奢侈享乐时，人们也会回避它们。

事实证明：那种把臣民禁锢在自己国家之中的法律是无益的 112

① 如果一个国家的疆土大幅度扩展，而人口却不怎么增长，那么奢侈会助长专制主义。因为，人口越稀少，产业就越薄弱；产业越薄弱，贫困就越依赖于奢侈的铺张，被压迫者就越难以团结成令人生畏的力量以反抗压迫者。还因为，使强者与弱者之间距离更加明显的崇拜、官职、等级和恭顺，更容易被少数人而不是多数人所获取；人的数量越多，就越少受到监督，越少受到监督，人的数量就增加得越多。但是，在那些人口大幅度增长，而疆土却不怎么扩展的地方，奢侈是专制主义的障碍，因为它激发产业活动和人们的积极性，而且需求为富人提供着极多的享乐和舒适，这样才能使赢得较多附庸舆论的排场发挥最大作用。由此人们可以发现：在一些地域广阔、力量薄弱、人口稀少的国家，如果没有其他因素从中作梗的话，排场的奢侈比享乐的奢侈更占优势；而在那些人口稠密、地域有限的国家，享乐的奢侈往往使排场的奢侈减少。——作者原注

和非正义的。惩罚自杀者也同样如此。其原因在于，尽管自杀是一种应由上帝惩罚的罪过，因为只有上帝能在人死后实施惩罚，然而，自杀毕竟不是针对他人的犯罪，而且对它的刑罚不是落在罪犯自己身上，而是落在其家庭成员身上。如果有人反驳我说：这种刑罚至少可以使自杀者悬崖勒马，那么我将答辩道：一个对生存深恶痛绝，以致宁愿不幸终身的人，当他从容自如地抛弃生命这一财富的时候，根本不会被关于子女和亲属的那些更为遥远而且更为无效的顾虑所打动。

三十六、难以证明的犯罪 113

有些犯罪经常在社会上发生，同时又难以证实。譬如通奸、同性恋(attica venere)、溺婴等。

从政治观点来看，通奸这种犯罪行为之所以具有自己的力量和方向，正是基于以下两个原因：一是人间的法律变化无常，二是异性之间极其强烈地相互吸引[①]。

如果我是在尚未迎来宗教光明的国度就此发言的话，那么，还需要补充通奸罪与其他犯罪之间的另一个显著差别：通奸是由人们过分地追逐某种需求所引起的，这种需求是先天的，它对于整个人类都是普遍的和永恒的，它甚至是社会的奠基石。其他破坏社会的犯罪则不是产生于自然的需求，而是取决于一时的欲望。

在熟悉历史和人类的人看来，上述需求在相同的气候条件下
保持着一个稳定的恒量。如若真是这样的话，那些竭力裁减总需
求量的法律和习俗就是无益的，甚至是有害的，因为，这样做的结
果则是使自己的一部分需求同他人的一部分需求发生重叠。明智 114
的法律则是因势利导，将欲望的洪流分别输入很多同等的小河道，

---

① 异性的吸引力，在很多情况下，就像是宇宙的重心力，因为，这两种力都随着距离的缩短而减弱。如果说，一个是在改造一切物体运动的话，那么，另一个则在持续期间改造一切精神运动。只有在下述情况中，它们才截然不同；重心力和阻力可以平衡相处，而异性吸引力则往往随着阻力的增长变得更加强烈和旺盛。——作者原注

从而使得哪里也不会出现干涸和泛滥。婚姻的忠诚程度往往取决于婚姻的次数及其自由程度。在一些地方,世袭的偏见维系着婚姻关系,家庭的权威使人结合和分离;在那里,脉脉秋波就悄悄地切断了婚姻关系,而世俗道德对此也无能为力,它谅解事情的缘由,它的职责只是谴责这种结果。然而,生活在真正的宗教之中的人们,具有较为崇高的动力以克制自然本性的力量,对于他们无须考虑这些。这种犯罪行为是如此地突然和奇特,它蒙着法律为其戴上的面罩(这种面罩是必需的,但又是脆薄的,它未能使该事物受到贬斥,反而抬高了其身价);犯通奸罪是那样地便利,而结论又是那样地含糊,以致立法者只能预防它,却难以纠正它。

“对于任何从本质上讲往往不必处罚的犯罪来说,刑罚变成了一种刺激。”这是一条普遍的规律。困难这东西,只要它不是不可克服的或者还不是每个人的精神惰性所不堪忍受的,那么它就更强烈地激发起想象力,并放大目标,因为,困难好像同样能阻止那种脱离目标的想入非非,迫使想象力权衡一切关系,更紧密地追随我们心灵最自然向往的美好图景,而不去想象我们的心灵所躲避的、痛苦的不祥结局。这就是我们想象力的属性。

同性恋是受法律严厉惩罚的,人们也容易因此而遭受那种使无辜者屈打成招的折磨,它的基础是社会性的并受奴役的人所具有的欲望,而不是独立自由者的需求。这种犯罪主要不是从对享乐的厌倦中获得力量,而是从在炽热青春汇聚处[1]所进行的教育

---

[1] 贝卡里亚在这里暗指的是修道院、军营等与正常社会生活隔绝的地方。——译者注

中获得力量;这种教育为了使一部分人对另一部分人有用,就使这部分人对自己成为无用的,在那里,有一座任何交往都不可逾越的堤坝,蓬勃发展的自然活力以对人类毫无益处的方式消耗着自己,进而提前进入衰老。115

一个屈服于自己的软弱或者经受不住暴力打击的人,会陷入一种不可避免的矛盾,溺婴罪同样是这一矛盾的结果。当人们面临或者蒙受耻辱或者杀死一个还不能感知灾难的生命这一抉择时,怎么会不选择后者,而选择那条必将使她自己和她不幸的婴儿遭受痛苦的道路呢?防止这种犯罪的最好办法就是:用有效的法律保护弱者免于暴政的侵害,暴政总爱对那些不可能由美德的龙袍加以掩饰的过错吹毛求疵。

我并不希望减少对上述犯罪所应当施加的正当威慑。然而,当我指出它们的根源时,坚信能从中得出一个普遍的结论:“只要法律还没有采取在一个国家现有条件下尽量完善的措施去防范某一犯罪,那么,对该犯罪行为的刑罚就不能说是完全正义的(即必要的)。”

117

三十七、一类特殊的犯罪①

读到这里，人们可能会发现我遗漏了这样一类犯罪：它使欧洲的土地上洒满了人的鲜血；它把活生生的人体投入火中，用它们架起悲惨的柴堆，在那里，烧焦的骨骼噼啪作响，还在颤动的内脏受到煎熬，从人类躯体冒出的黑烟中传出嘶哑的、不成声的哭泣。然而，狂热的民众却把聆听这哭声当作一种欣赏和乐趣。不过，聪明的人都能看出，地点、年代和议题都不允许我去探讨这类犯罪的本质。

为什么有的国家要一反许多国家的范例，非得把人的思想都完全地统一起来呢？为什么有些相互分歧的见解，尽管它们之间的差异是极细微的、不明显的，而且是人们的能力所难以顾及的，但是，如果不确立它们中一者的主导地位，它们就也会干扰公共利益呢？为什么见解的本质竟如此地复杂：有些见解在酝酿和斗争中日见分晓，正确的保留下来，错误的则被记忆所淘汰；然而，另一些经不起推敲的见解，为了维护它们赤裸裸的固执，却需要诉诸权威和强力呢？论证这些问题将太冗长、太离题了。

对思想实行强迫命令，获得的只能是弄虚作假和随之而来的

① 在这里，虽然贝卡里亚没有明确说出所谓的“特殊犯罪”是什么，但从他对此罪的描述和评论看，这是暗指异端邪说罪。——译者注

意志消沉，为什么这种强迫命令尽管看来可恨，却仍然是必要的呢？理性和比较受我们尊敬的权威要求发扬温和及友爱的精神，尽管对思想的强迫命令违背这种精神，为什么它仍然是不可或缺的呢？论证这些也将太冗长了。如果行使命令权的人凭借的是一
种公认的权威，那么，这一切就应被认为是不言而喻的，是符合真 118
正的人类利益的。

我所论述的只是那些由人类本性和社会契约规定的犯罪，而不是罪孽，对于罪孽的惩罚包括暂时的惩罚，应该由有限哲学原则以外的其他原则加以制约。

119 三十八、虚伪的功利观念

立法者所酿成的虚伪的功利观念是滋生错误和非正义的土壤。所谓虚伪的功利观念，它首先注重的是个别麻烦，而把普遍麻烦置于第二位；它不是去诱导感情，而是向它发号施令，它对逻辑说：为我服务！它为了防范一种臆想的或微不足道的麻烦，可以牺牲无数现实的利益；它从人们手中夺去火和水，因为火能造成火灾，水能溺死人；它只会用毁灭的手段去防范恶果。

禁止携带武器的法律实质上就是如此。它们只不过解除了一些既没有兴趣，又没有决心去犯罪的人的武装。而那些胆敢触犯人类最神圣的法律和法典中最重要规定的人，怎么会遵守那些细碎的、纯粹随意制定的法律呢？触犯这些法律是那样地轻而易举，而且平安无事，而严格地实行这些法律则会剥夺每个人包括开明立法者都极为珍视的人身自由，并让无辜者像罪犯一样地忍受屈辱。这些法律使受攻击者的条件恶化，却为攻击者提供了便利。它们没有使谋杀活动减少，却使它增加，因为攻击解除武装者比攻击武装者要更保险些。这不叫纠正性法律，而叫害怕犯罪的法律。在制定这些法律时，人们不是理智地权衡一条普遍法令会产生的利弊关系，而只凭借对个别事件的纷杂印象。

120 所谓虚伪的功利观念，是企图把死板的无机物所忍受的对称和秩序给予一群感知物；它忽视那些持久而有力地影响民众的现实因素，却重视一些遥远的因素，而如果没有某种非凡的想象力通过放大去克服对象的遥远性，那么这种遥远因素的影响就是极为短暂和微弱的。

最后，荒谬的利益观念为名称而牺牲事物，把公共利益同所有个人的利益分割开来。社会状态与自然状态的一个区别就是：野蛮人只要满足了自己的利益，就不再去损害他人；然而，社会性的人有时受一些坏法律的支配，却去做一些损人不利己的事情。

专制者在受他奴役的人们心中投下恐惧和消沉，但是，这些东西反过来对他的心灵回敬以更大的骚扰。这种恐惧越是孤独，越是带有家庭式的色彩，对于那些利用它为自己谋取幸福的人就越少危险。然而，这种恐惧越是公开，它袭扰的人越多，就越容易出现鲁莽者、绝望者或一些善于利用别人为自己目标服务的果敢者；分担危险的人越多，就越使人们心甘情愿并充满幻想。不幸者对于自己生存的重视随着苦难的加深而减少。

正是由于这个缘故，侵害行为不断制造出新的侵害行为：恨是一种比爱更持久的感情，因为，恨从行为的持续中获得了力量，而爱却被行为的持续所削弱。

121
三十九、关于家庭精神

就连一些最明达的人士都赞成这种有害的并得到认可的非正义，就连一些最自由的共和国也实行这种非正义，因为他(它)们一直更倾向于把社会看作是家庭的联合体，而不是人的联合体。

假定有十万个人或者有两万个五口之家，每个家庭中，包括一位代表着家庭的家长。如果按家庭进行联合，就意味着有两万个人和八万个奴隶；如果按人进行联合，就意味着有十万个公民，而没有一个奴隶。在第一种情况下，有一个共和国和两万个组成它的小君主国；在第二种情况下，共和国的精神就不仅洋溢在国家的广场和集会上，同时也吹进了人们领受大部分幸福或苦难的地方——家庭的墙院内。在第一种情况下，既然法律和习俗是共和国成员的或者说家长的习惯感情的结果，因而，君主制的精神渐渐地渗透进共和国之中，这种精神的影响将只受每个人对立利益的制约，而不受渴望自由与平等的感情的约束。

家庭精神是一种拘泥小事的琐碎精神，而共和国的调整精神，作为基本原则的控制者，则看到这些小事，并把它们分门别类地聚合在关系着大部分人幸福的基本类别之中。在家庭共和国里，只要家长还活着，子女们就始终处于他的权力之下，他们非得等到家
122 长死后，才能取得仅仅依靠法律的地位。在精力最旺盛的年轻时代，感情很少受那种被叫作“中庸”的老成退缩心理的影响，如果人

们年轻时就养成了屈从和怯懦的习惯，那么，他们在失去活力的衰老年代，在那因不希求看到变革成果而对蓬勃的变革产生反感的时期，怎么能抗拒邪恶常常为美德设置的阻碍呢？

当共和国是由人构成时，家庭就不意味着遵从命令，而意味着遵从契约。子女们的年龄一旦增长到使他们摆脱弱小和需要教育及保护的自然依赖状态时，他们就变成了城市的自由成员。他们接受家长的制约是为了像伟大社会的自由人那样分享利益。在第一种情况下，孩子们即国家中最有用的部分，受到父亲们的摆布；在第二种情况下，命令的关系不存在了，只存在一种互相提供必要帮助的、神圣不可侵犯的关系，以及一种对所受慈爱表示感恩的关系。某些法律所希望建立的那种错误的屈从关系，同人们内心的恶意一样，破坏着上述关系。

家庭法律和共和国原则之间的这些矛盾是造成家庭道德与公共道德之间其他矛盾的重要根源，它们在每个人的内心世界挑起一场无休止的纠纷。前者要求驯服和畏惧，后者提倡勇敢和自由；前者只限于为少数非自由选出的家长谋福利，后者则将福利普及于人的每一阶层；前者强制人们不断为一尊虚无的偶像作出牺牲，尽管这偶像被称为家庭利益，而某些家庭成员却往往毫不受益；后者则教人在不违法的条件下为自己谋利益，或者通过奖励那种准备行动的热忱激发人们为祖国献身。这些矛盾使得人们厌于遵循美德，因为他们发现这些美德已陷入并混淆在实体和精神对象的昏暗所造成的迷离之中。当一个人回首往事时，他往往惊讶地感到自己曾是何等地荒唐！

随着社会的扩展，每个成员变成整体中越来越小的一部分。123

如果法律不注重增进共和国情感，这种情感将随之减退。社会，就像人的身体一样，也有自己的发展限度，超越了这些限度，必然会引起经济上的紊乱。看起来，一个国家的人口应该同该国家成员的敏感性成反比，如果二者同时增长，那么优秀法律所创造的财富就会变成预防犯罪中的障碍。一个过于广阔的共和国，除非划分并联合成许多加盟共和国，否则是避免不了专制主义的。但是，如何实现这一点呢？要靠一位具有西拉[①]气魄的专制独裁者，他不但具备进行破坏的天才，也具备从事建设的天才。如果他是个野心家，他将赢得所有世纪的荣誉；如果他是一个哲学家，尽管他并非对人们的忘恩负义满不在乎，然而公民们的赞美将使他在失去自己的权威后得到安慰。

随着把我们同国家联系在一起的感情逐渐削弱，我们对周围事物的感情在逐步增强。在最强大的专制统治下，友谊也是比较持久的，往往很普通的家庭道德就是最为普遍的、最好说是唯一的美德。由此，每个人都能发现：大部分立法者的视野是何等的有限呀！

① 西拉(Lucius,Cornelius Silla,公元前138—前78年)，罗马的将军和执政官。公元前83年发动内战，经过一系列血战终于取得政权，之后，他又以非凡的才能成功地在废墟上重建了国家。——译者注

四十、关于国库 125

曾经一度几乎所有的刑罚都是财产刑。人们的犯罪曾成为君王的财富，侵犯公共安全的行为成了君王收入的来源。担负保卫公共安全的任务的人，却指望着公共安全受到侵犯。因而，处罚科刑变成国库（财产刑的征收者）与被告人之间的一场争讼，变成一场失去公共色彩的民事纠纷，它使国库丢开公共保护任务所赋予的权利而行使另一些权利，使被告人蒙受的不白同树立鉴戒的需要毫无关系。就这样，法官成了国库的律师，而不再是铁面无私的寻求真相者；成了国库出纳的代理人，而不再是法律的保护者和仆人。

在这种制度下，供认自己犯了罪就等于供认自己欠了国库的债，这是当时刑事诉讼的目的。因而，取得被告人的供认并且使这种供认变成帮助而不有损于国库的理由，成为整个刑事程序所围绕的中心，至今仍是这样（在原因之后，结果常常持续极长的时间）。如果得不到这方面的供认，即使是证据确凿的被告人，也将受到轻于法定刑的刑罚，并且也不会因他可能犯下的其他同类罪行而遭受刑讯。如果得到这方面的供认，法官就把被告人的躯体据为己有，通过一些模式化的手续，对他施加酷刑，以便从这块被征服的土地上榨取尽可能多的利润。一旦证明存在着犯罪，被告人的供认就成了一种令人信服的证据。诉诸强力，使被告人陷于 126

痉挛和痛苦的绝望，就是要让这种证据更加无可置疑，而被告人在还没有强烈地惧怕折磨性审判时所作出的平静和诚实的诉讼外坦白，却不足以定罪。那些澄清事实但有损于国库的调查和其他证据则被摒弃。有些被告人偶尔幸免于折磨，并不是照顾他的可怜和孱弱，而是为了保住国库这个想象中的和不可思议的机构可能失去的利益。

法官成了被告人的敌人，成了那个陷于囹圄、桎梏加身、忍受折磨、前途莫测的人的敌人。法官不去寻求事实的真相，而是在囚徒中寻找罪犯，并为此而设置圈套。他认为：如果不能以此而取得成就的话，那就是失败，就有损于他那称霸一切的一贯正确。逮捕的条件由法官掌握；为了证实某人无罪，就要先宣布他是罪犯，这被称为实行侵犯式诉讼①。在18世纪，在文明欧洲的几乎所有地方，刑事诉讼程序就是这样的。为理性所要求并被军事法律所采纳的真正的诉讼，即不偏不倚地了解事实的调查式诉讼②，却极少在欧洲的法庭上采用，而专制的亚洲在一些安定的和无关紧要的情况下，却采用这种诉讼。

这些都是多么荒诞离奇的复杂现象啊！将来最幸福的后代肯定不会相信它们。到那时候，只有少数哲学家能从人的本性中看出：这种制度是可能出现过的。

① 在现代刑诉理论中也被称为“纠问式诉讼”，即审判者也承担提出控告和调查取证的职责。——译者注

② 在现代刑诉理论中也被称为“控告式诉讼”，在这种诉讼模式中，审判机关以中立的态度听取控辩双方的意见。——译者注

四十一、如何预防犯罪 127

预防犯罪比惩罚犯罪更高明，这乃是一切优秀立法的主要目的。从全面计量生活的幸福和灾难来讲，立法是一门艺术，它引导人们去享受最大限度的幸福，或者说最大限度地减少人们可能遭遇的不幸。

然而，至今仍沿用的措施一般都是虚伪的，是违背这一目的的。采用循规蹈矩的几何规则限定人的躁动行为是不可能的。就像恒定的、极为简单的自然规律阻止不了行星在运动中相互干扰一样，在欢乐和痛苦这些无限的和极为对立的引力的作用下，人类的法律是不可能阻止出现纠葛和越轨行为的，这只是个别人发号施令时的臆想。对大量无关紧要的行为加以禁止，防止不了可能由此产生的犯罪。相反，是在制造新的犯罪，是在随意解释那些被宣传为永恒不变的美德和邪恶。如果必须禁止有可能引导我们犯罪的一切，那么我们的境况将会怎样呢？那就非得让人们不要去使用自己的感官了。有一种动力促使人们去进行一次真正的犯罪，就有一千种动力促使人们去采取被坏法律称为犯罪的那些无关紧要的行为。如果说，犯罪的可能性取决于有多少推动力的话，那么，扩大犯罪的范围就等于提高犯罪的可能性。这种法律大部分只是一些特权，是大家奉献给少数人享用的供品。

你们想预防犯罪吗？那你们就应该把法律制定得明确和通 128

俗;就应该让国家集中全力去保卫这些法律,而不能用丝毫的力量去破坏这些法律;就应该使法律少为人的某些阶层服务,而让它为人服务;就应该让人畏惧这些法律,而且是让他们仅仅畏惧法律。对法律的畏惧是健康的,然而,人对人的畏惧则是有害的,是滋生犯罪的。

受奴役的人比自由人更加纵欲、放荡和残忍。自由人所考虑的是科学和国家的利益,他们注视着大目标,并孜孜以求。而那些满足于眼前时光的奴隶,则企图在放荡的喧闹中忘却自身所面临的灭亡;他们已经习惯了一切捉摸不定的结局;在他们看来,犯罪的结局也是难以预料的,这助长了支配他们的欲望。

如果法律的捉摸不定出现在一个因水土原因而懒散的国家,那么,这种情况将保持并助长该国家的懒散和呆钝。如果法律的捉摸不定出现在一个贪求享乐而活跃的国家,那么,它将使该国家的活力在无数琐碎的尔虞我诈中消耗殆尽;这种尔虞我诈把背叛和弄虚作假变成谨慎的基础,因而,使人心四分五裂。如果法律的捉摸不定出现在一个勇敢、强大的国家,那么,在经历了从自由到奴役,从奴役到自由的多次波折之后,这种情况最终将被消除。

你们想预防犯罪吗?那你们就应该让光明伴随着自由。知识传播得越广泛,它就越少滋生弊端,就越加创造福利。一个胆大妄为的骗子往往是一个非凡的人,愚昧的人民对他顶礼膜拜,明达的智者则对他嗤之以鼻。知识有助于鉴别事物,并促进各抒己见,使很多情感相互对照,这些情感越是在他人那里发现同样的观点和同样的批评,就越容易相互改造。当光明普照国家的时候,愚昧无知的诽谤将停息,丧失理性的权威将发抖,法律的蓬勃力量将不可动摇。因为任何明达的人都会将自己所牺牲的那一点无益的自由同其他人所牺牲的自由（如果没有法律，它们可能共同侵犯他）的总和进行对比，因而，他们热爱公开的、明确的和有益的共同安全的契约。每个具有敏感心灵的人，只要浏览一下优秀的法典，并发 129
现自己所失去的只是那种使他人受损害的有害自由，他将情不自禁地赞美王位的占据者。

科学总是有害于人类，这种观点并不真实，过去曾存在过这种情况，那是人们所不可避免的一个灾难。人种在地面上的繁衍带来了战争、比较粗陋的技艺和原始的法律；这些法律是一些暂时的契约，它们根据需要产生和消灭。这就是人们最初的哲学，它的少量成分曾是正确的，因为人的懒惰和不大精明使它们免于谬误。然而，随着人口的繁衍，人的需求也在成倍增长。需要用一些比较强烈和持续的印象，阻止人们重新返回日益有害的、原始的非社会状态之中。最初的谬误使人们生活在被虚假地神格化的土地上，它给人类带来了巨大的好处（我说这是伟大的政治福利），并创造了一位主宰我们的、无形的宇宙调节者。那些敢于突然抓住人心并把温顺的愚昧牵到供桌之下的人，曾经是人类的恩人。这些人向人们介绍一些看不见摸不着的东西，当人们以为接近了这些东西时，它们却从人们面前消失了。这些对象从不受到蔑视，因为它们从没被清楚地加以认识。就这样，他们把各种欲望都结合并聚集在紧紧地抓住人心的独一对象上面。这就是所有由野蛮民族构成的国家的最初情况，这就是那个创造伟大社会的时代，这就是当时社会所必需的、甚至是唯一的纽带。我这里并没有讲上帝所选择的那个民族，最非凡的奇迹和最显赫的恩惠在那里已取代了

人类政治的地位。

但是，无限分割是谬误的一种属性，同样，由此产生的科学把130 人们变成一群狂热的瞎子，他们在一个闭塞的迷宫中互相冲撞，以致使某些敏感的和哲学的心灵甚至羡慕古老的野蛮状态。最初的时代就是如此，当时的知识或更正确地说是见解，是有害的。

从谬误到真理、从空前黑暗到光明的艰难而可怕的过渡属于第二个时代。为少数豪强效劳的谬误同对多数弱者有利的真理发生着冲突，在当时受到厌弃的欲望开始靠近和活跃，这些都给可怜的人类带来无穷的灾难。相隔一定时间之后的历史，同先前的历史往往极为相似，研究这些历史的人常常发现：从无知的愚昧到哲学的明达，从专制到最终的自由，经历着痛苦而必需的过渡，在这一过程中，有整整一代人为后代的幸福作出了牺牲。然而，一旦人们的心灵安静下来，一旦焚尽国家积弊的烈火熄灭下来，真理的前进步伐就由缓慢到迅速，真理就登上了君主的王位，并被供奉于共和国的议会之中。到了这个时候，谁还会认为：使人启蒙的光明比黑暗还要有害，真实而简单的事物关系在被人们正确认识之后还会给他们带来灾难呢？

如果说一知半解比一无所知更加有害的话，那是因为一叶障目的人避免不了谬误，而一知半解正是把这种谬误的恶果同无知的恶果联在一起。开明者，对于那些委托其保管和守护健康法律的国家和君主来说，是最珍贵的天赐。这些开明者习惯于正视真理，而不是恐惧真理；他没有大部分舆论的需要，而对于大部分人来说，这种证明美德的需要却从来都是难以完全满足的，他善于用最卓越的观点来观察人类，在他看来：自己的国家是一个情同手足的家庭。他视野中的人类越壮大,伟人与人民之间的距离就越小。

哲学家的要求和兴趣是凡人所理解不了的,他们在公开的光
明中不推翻在黑暗中宣传的原则,他们养成了为真理而热爱真理 131
的习惯。选择出这样一些人是一个国家的幸福。但是,如果善良的法律不使这种人的数量增加,以致降低常常出现的不良选择的或然率,那么这种幸福就只是暂时的。

预防犯罪的另一项措施是:使法律的执行机构注意遵守法律而不腐化。组成执行机构的人越多,践踏法律的危险就越小,因为在互相监督的成员之中是很难营私舞弊的。每个人所享有的权力越小(尤其是同冒险相比较),他们对于提高自己的权力就越不感兴趣。如果君主依靠某些器械、仪式以及严厉的敕令,或者通过准可自认为受到压迫的人提出正当或者不正当的起诉,来使臣民更习惯于畏惧司法官员,而不是畏惧法律,那么,这种畏惧更容易使这些司法官员有空子可钻,而君主从中将难以赢得自身和社会的安全。

预防犯罪的再一项措施是:奖励美德。我发现,当今所有国家的法律对这个议题普遍默不作声。如果说科学院对于真理发现者的奖励促进了知识和优秀著作的繁荣,那么,慈善的君主所颁布的奖励为什么就促进不了道德行为的昌明呢?在明智的分配者手里,荣誉的奖金总是用之不竭,一本万利的。

最后,预防犯罪的最可靠但也是最艰难的措施是:完善教育。这个题目太广泛了,它超出了我所论述的范围;我还敢说:它同政府的本质有着密切的联系,因为并非仅仅在最遥远的公共幸福时代它才是一块贫瘠的并且只由少数哲人偶尔开垦几下的领域。一

位给曾经迫害过他的人类带来光明的伟人①已经详细地阐述过什
么是对人类真正有益的教育的基本准则：教育不在于课目繁多而
132 无成果，而在于选择上的准确，当偶然性和随意性向青年稚嫩的心
灵提供道德现象和物理现象的摹本时，教育起着正本清源的作用；
教育通过感情的捷径把年轻的心灵引向道德；为了防止它们误入
歧途，教育借助的是指出需要和危害的无可辩驳性，而不是捉摸不
定的命令，命令得来的只是虚假的和暂时的服从。

① 这里是指卢梭，他曾于1763年因发表《爱弥儿》一书而被教皇判处刑罚。——译者注

四十二、总结 133

从以上论述中，人们可以总结出一条颇为有益的普遍公理，然而它却不那么符合习惯——某些国家中最普通的立法者。这条公理就是：

为了不使刑罚成为某人或某些人对其他公民施加的暴行，从本质上来说，刑罚应该是公开的、及时的、必需的，在既定条件下尽量轻微的，同犯罪相对称的，并由法律规定的。

译后记

《论犯罪与刑罚》的主流版本有两个：一个是贝卡里亚原始手稿的版本，其体例划分为 47 章，即所谓“47 章版”；另一个是该书法文译者安德烈·莫雷莱（André Morellet）编排的版本，其体例划分为 42 章，即“42 章版”。摆在读者面前的就是这第二个主流版本。

莫雷莱是与贝卡里亚同时代的法国启蒙运动哲学家和思想家，他看到《论犯罪与刑罚》后第一时间决定将其翻译成法文。在阅读了法文译本后，贝卡里亚于 1766 年 1 月 22 日给莫雷莱写了一封长信，表达了自己对译者的深切敬意：“当听说我的作品已被翻译成贵国的语言时，简直无法表达我感到何等的荣幸，这种语言通过无数卓越的书籍成为我的语言，在我内心深处培育起曾因 8 年溺信的和奴性的教育而受到扼制的人道主义情感。阅读收录在不朽的《百科全书》中的精彩文章使我对您的名字肃然起敬，得知一位伟大而杰出的作家竟屈尊翻译我的作品，这太让我受宠若惊了。”①

莫雷莱在翻译时对原书的结构做了一些调整，将关于程序法

---

① Cesare Beccaria, DEI DELITTI E DELLE PENE, A cura di Franco Venturi, Giulio Einaudi editore, Torino, 2014, pp. 361-362.

的论述排列到关于实体法论述之前，合并了贝卡里亚原著的一些章节，将一些原来分散在各章中的、关于相同议题的论断移到同一章中。重新编排后的论述次序明显地更加符合刑事诉讼法和刑法的学科体系，有人分析认为，莫雷莱是想通过这样的调整使得贝卡里亚的书能够更直接地为法典编纂这一立法目的服务。贝卡里亚在给莫雷莱的信中认可了这一调整，写道："我怀着无以言表的喜悦拜读了您的译文，发现您已使原作增色添彩。我真诚地向您确认：您对作品所做的编排更为自然，因而比我编排的次序更为可取，遗憾的是，新的意大利文版已经基本上完成就绪，否则，我将完全或者近乎完全地遵循您的方案。"[1]

针对身边一些人对莫雷莱编排次序所表达的疑问或不满，贝卡里亚相当大度地表示："有人提出异议说：编排次序的改变将会使这本书失色，我觉得这种说法没有根据，因为作品的力度在于它的表述，在于思想的凝练，而不在于观念的堆砌。还有的异议似乎是出于对原书作者的爱戴，担心他遭受不敬，那也不能成立，因为，一本谈论人道主义事业的书，一旦出版了，就属于整个人类，就像您在您那极为简练又不失精彩的前言中所说的那样。"[2]贝卡里亚在同一封信中重申："我希望即将问世的意大利文第五版能够尽快售罄，我肯定会让意大利文版完全或者几乎完全采纳新的编排次

① Cesare Becaria，DEI DELITTI E DELLE PENE，A cura di Franco Venturi，Giulio Einaudi editore，Torino，2014，p. 362.

② 同上。

序，因为它让我这本书所提出的真理更加鲜明、更加清澈。”[①]

正是由于贝卡里亚本人的上述表态以及莫雷莱编排体例所实际具有的合理性，使得“42 章版”成为学术界公认的两大主流版本之一，尽管贝卡里亚后来并没有完全兑现自己在 1766 年 1 月给莫雷莱信中所许下的诺言，仍然舍不得在《论犯罪与刑罚》一书随后的不断重印中放弃自己原创的“47 章版”编排体例。

笔者看到的《论犯罪与刑罚》意大利文本大多数采纳的是原著“47 章版”编排体例，但是，由意大利最著名的学术出版社——鸠弗雷（Giuffre’）出版社印行的《论犯罪与刑罚》一书则采用的是“42 章版”编排体例，这个版本是由意大利著名的刑事法律专家江·多麦尼哥·皮萨比亚教授编辑的，在意大利具有较高的权威性和普及度。现在由商务印书馆出版的《论犯罪与刑罚》中译本就是以此版本为基础迻译的。

这个中译本还收入了皮萨比亚教授为鸠弗雷版的《论犯罪与刑罚》撰写的一篇关于贝卡里亚及其刑事法律思想的介绍文章。33 年前，笔者曾经翻译过皮萨比亚教授的这篇文章，并经潘汉典先生校阅后发表在潘先生当时主编的《法学译丛》1983 年第 3 期上。在收入商务印书馆版的《论犯罪与刑罚》之际，笔者对皮萨比亚文章的中译文重新进行了校订，补充了一些漏译和被删略的内容，对于文章中的贝卡里亚引语，依照目前最新的中译文表述进行了订正。

---

① Cesare Becaria，DEI DELITTI E DELLE PENE，A cura di Franco Venturi，Giulio Einaudi editore，Torino，2014，p. 363.

关于《论犯罪与刑罚》的中译文，对我来说，每次校订都是一次对原著的品味，都让我再次领略到学术陶冶的乐趣。在这次的校订中，最大的变动涉及的是对意大利文“reo”一词的表述。有朋友曾经与我商榷：贝卡里亚是无罪推定原则的首倡者，但为什么在《论犯罪与刑罚》中译本里到处使用的都是“罪犯”一词？的确，贝卡里亚在书中不分诉讼阶段一概使用“reo”一词称呼被告人和被判刑人，而这个意大利术语确实兼有“被告人”和“罪犯”的含义。这不应责怪贝卡里亚，大凡高瞻远瞩的思想家都可能对术语有着自己的用法和诠释，往往不拘技术规范之小节。但作为中译文的译者，则有责任设法从微小之处体现原著的精神，避免或者减少因语言差异而可能导致的误解或含混。基于这样的想法，我这次尽可能地结合上下文内容对同样的“reo”一词作出不同的中文翻译，把先前译文中的某些“罪犯”或“犯人”中文表述修改为“被告人”或“人犯”。

让译文能够传达原著之神韵，这一直是本人在贝卡里亚作品翻译中孜孜以求之目标。

黄　风

2016 年 6 月 19 日

于太仆寺街

图书在版编目(CIP)数据

论犯罪与刑罚/(意)切萨雷·贝卡里亚著;黄风译.—
北京:商务印书馆,2017
(汉译世界学术名著丛书:120年纪念版:珍藏本)
ISBN 978-7-100-14496-4

Ⅰ.①论… Ⅱ.①切… ②黄… Ⅲ.①犯罪学
②刑罚—研究 Ⅳ.①D917 ②D914.04

中国版本图书馆CIP数据核字(2017)第154000号

汉译世界学术名著丛书
(120年纪念版·珍藏本)
论犯罪与刑罚
〔意〕切萨雷·贝卡里亚 著
黄风 译

商 务 印 书 馆 出 版
(北京王府井大街36号 邮政编码100710)
商 务 印 书 馆 发 行
北京市十月印刷有限公司印刷
ISBN 978-7-100-14496-4

2017年12月第1版 开本710×1000 1/16
2017年12月北京第1次印刷 印张9
定价:50.00元